AF346736

ÉTIENNE MOREAU - NÉLATON

# COROT

## RACONTÉ PAR LUI-MÊME

## TOME DEUXIÈME

# COROT

## RACONTÉ PAR LUI-MÊME

ÉTIENNE MOREAU-NÉLATON

# COROT

## RACONTÉ PAR LUI-MÊME

TOME DEUXIÈME

PARIS
HENRI LAURENS, ÉDITEUR
6, rue de Tournon
1924

## NATURE ET IMAGINATION : L'ÉTUDE A MÉRY
## ET LE SOUVENIR DE MORTEFONTAINE.
## LUTTE POUR LA MÉDAILLE D'HONNEUR :
## LA BACCHANTE ; LE SOUVENIR DU LAC DE NEMI.
## GRANDE RENOMMÉE ET PREMIÈRE MALADIE.
## LA VUE DE MARISSEL ET L'EXPOSITION DE 1867.
## MANTES ET VILLE-D'AVRAY. LES FIGURES.

### (1862-1870)

A partir de 1860, Dutilleux est venu se fixer à Paris. Il a cédé sa place comme chef de l'atelier d'Arras, en même temps que l'imprimerie lithographique qu'il dirigeait, à son gendre Charles Desavary. Cet événement, qui rapproche Corot de son ami, présente une conséquence fâcheuse pour son biographe. Sa correspondance devient plus rare et moins intéressante. En 1860, Corot est, en juin, avec Daubigny, à Auvers ; au mois d'août, il voyage, en compagnie de ses confrères Dumax et Estienne, sur les côtes de Bretagne ; il fait une série d'études à Saint-Malo, à Saint-Servan et à Dinan (*Fig. 177*). Voilà les seuls points de repère que nous ayons pour cette année-là. L'année suivante, la santé chancelante de M. Sennegon paraît avoir retenu la plupart du temps son beau-frère à Ville-d'Avray. Dutilleux l'avait invité à l'accompagner en juillet à Arras : mais il a dû y renoncer. Ce contre-temps nous vaut une lettre qui contient quelques détails domestiques et un rendez-vous pour Fontainebleau :

Ville-d'Avray, ce 22 juillet (1861).

Mon cher ami,

Je vous serais bien obligé de nous procurer, dans la saison convenable, de la graine de carottes longues, comme vous avez déjà eu l'obligeance de nous en donner ; plus, de la graine des fameux radis gris. Nous vous serons bien reconnaissants, mon beau-frère et moi. Sa santé est un peu meilleure. Ils me chargent, ma sœur et lui, de bien des compliments pour vous... Vous allez à Fontainebleau, je crois, dans le mois d'août : je tâcherai d'y faire une petite visite à l'époque où vous y serez, du 7 au 15. J'irai chez Mme Coutelle.

Tout à vous de cœur.<br>C. Corot.

Pour les radis gris, si vous pouvez les rapporter, on les plantera de suite. Les apporter ou à Ville-d'Avray, ou rue du Faubourg-Poissonnière 56. Les carottes pour l'automne.

Par la suite, le voyage de Fontainebleau a été différé jusqu'en automne. Mme Sennegon est tombée malade après son mari et, au mois de septembre, elle tourmente encore son entourage. Corot écrit (12 septembre 1861) : « J'irai avec plaisir vous retrouver à Fontainebleau ; mais ce ne sera que le 15 ou le 16 octobre. J'espère que vous y serez encore. Nous pourrons ensemble chercher les secrets de cette nature enchanteresse de la Kabylie... Je descendrai probablement à la Sirène, pour être un peu avec Comairas. »

Le Parisien fut rentré pour la Toussaint [1]. Il ne manquait jamais, ce jour-là, de porter un bouquet au Père-Lachaise. Tous les mois, du reste, il renouvelait ce pieux pèlerinage. Le sou-

[1] Lettre à Dutilleux, du 1er novembre 1861.

venir de la chère maman le ramenait périodiquement à la nécropole. Là même, son œil, toujours aux aguets, n'arrêtait pas de glaner. La rigidité linéaire de la pierre mêlée au caprice de la verdure flattait son goût, et son imagination apercevait une silhouette de temple antique dans la banalité d'une sépulture de bourgeois *(Fig 179)*. Lorsque quelque lointaine villégiature l'empêchait de fleurir lui-même la tombe chère à son cœur, la main de sa servante faisait ce qu'il ne pouvait faire. Car il avait, pour tenir son ménage de célibataire, le dévouement d'une femme dont l'attachement à lui et aux siens remontait à un temps fort ancien. Depuis que la mère n'était plus là pour mettre, quand il dînait en ville, un faux-col de rechange au fond de son chapeau [1], c'était Adèle qui se chargeait de cette précaution. C'était elle qui gardait les clefs de la cave et qui, les jours où « Monsieur » traitait ses amis, limitait prudemment les bouteilles, que l'imprévoyante générosité de son maître aurait parfois sans elle prodiguées à l'excès. Tous les matins, à onze heures sonnant (car Corot, très exact lui-même, tenait à l'exactitude), elle déposait dans le petit cabinet contigu à l'atelier de la rue Paradis-Poissonnière, une soupière fumante, pour laquelle le peintre abandonnait séance tenante palette et pinceaux. Grâce à cette organisation, il ne perdait pas de temps en allées et venues. Le travail y trouvait son compte.

Sur sa manière de travailler, d'intéressants renseignements ont été fournis jadis à Ph. Burty par un de ses fidèles disciples [2]. Voici ces notes, dues à la plume de Gustave Colin :

« Corot n'employait ordinairement que des toiles fines montées sur châssis à clefs [3]. Il aimait qu'elles fussent souples et non couvertes de

[1] Il s'en servait comme d'un véritable nécessaire de voyage et il y entassait, pêle-mêle, son mouchoir, son tabac, son porte-feuille, ses crayons, et jusqu'à ses billets du Conservatoire.

[2] *Notice biographique* accompagnant le *Catalogue de l'Exposition de l'Œuvre de Corot à l'École des Beaux-Arts* (1875), page 16.

[3] Ces détails ne se rapportent qu'à la dernière partie de la carrière de Corot. Au début, il peignait souvent sur du papier, qu'il faisait ensuite coller sur toile; c'était moins embarrassant en

préparations qui les rendent parfois cassantes. Il attachait une certaine importance à ce point de départ, et disait qu'il fallait d'abord, pour exécuter un bon travail, faire choix d'une bonne étoffe, la meilleure possible.

Cette toile blanche, légèrement teintée, posée sur un chevalet, Corot la palpait de sa forte main. Puis, saisissant un crayon blanc, il traçait, après un instant de recueillement, avec une ampleur et une souplesse particulières, les principaux traits d'une composition, qui devenait à l'instant compréhensible, et dont il ne s'écartait presque plus que pour l'enrichir de détails. De ce premier jet il tirait lui-même l'horoscope : « En voilà un qui sera fameux », disait-il et, laissant là cette toile, il allait en continuer ou en achever d'autres.

Ces premiers tracés n'étaient repris qu'après avoir subi une période d'incubation. Ils revenaient alors sur le chevalet pour recevoir le travail de l'ébauche. Muni d'une palette assez sobre et assez mal ordonnée, et composée de tons entiers, armé de brosses fortes et souples, le maître établissait avec de la terre d'Ombre, du noir et du blanc, réchauffés par des terres de Sienne et des ocres, l'ordonnance de son tableau au point de vue des valeurs et de l'effet, en fixant tout d'abord les deux extrêmes : la plus grande lumière et la plus grande vigueur. Il affirmait ainsi les principales formes intimes avec une fermeté presque violente, qu'il atténuait ensuite à l'aide de frottis légers.

Un nouvel abandon succédait à ce principal effort. Puis, lorsque l'ébauche était bien solide, le maître cherchait la couleur et l'harmonie de son œuvre à l'aide de pâtes et de demi-pâtes colorées. Son exécution, pleine de verve, rapide et variée, était parfois soutenue d'appels aux maîtres anciens qu'il préférait. « Corrège ou Giorgione (par exemple), prête-moi tes pinceaux », disait-il, et son œil s'animait : et les accents naissaient sur la toile, plus rapides et plus vifs... C'était chose bien touchante que de voir cette simple et forte organisation dans le feu de ses créations. Il s'échappait, à chaque instant, de sa bouche des paroles de bonté et d'amour pour le beau. Son visage s'illuminait, et son œuvre s'accomplissait, comme imprégnée de toutes les nobles pensées qu'il évoquait. »

Les compositions créées par Corot entre les quatre murs de son atelier sont une débauche d'idéal. A l'exemple des musiciens qu'il adore, grand symphoniste lui-même, il improvise

voyage. Presque toutes ses études du premier voyage d'Italie sont faites de cette manière. Pendant sa jeunesse, il n'attachait pas une importance particulière à la qualité de la toile et ses châssis étaient souvent grossiers. Avec l'expérience, il fixa son choix et prit les habitudes qu'indique son élève.

Fig. 173. — Corot vers 1865.

Fig. 174. — Château-Thierry, 1863.

Fig. 175. — Port-Berteau, 1862.

Fig. 176. — Étude à Méry. Salon de 1863.

Fig. 177. — La porte de Jerzual, à Dinan, 1860.

Fig. 178. — Le pont de Mantes, vers 1860. Dessin sur toile d'une étude inachevée.

Fig. 179. — Croquis au Père-Lachaise, vers 1860.

sur la toile d'inépuisables variations empruntées aux multiformes aspects de la création. Un monde à lui sort de sa main. Monde réel et imaginaire en même temps, impossible à localiser, mais suggérant l'illusion de choses vues quelque part : rivières promenées capricieusement par les prairies et par les bois : verdoyantes frondaisons inclinées sur la face des eaux ou dressées vers les cieux parmi les bouffées de nuages gris; bouleaux frémissant sous le zéphir et indolentes saulaies; fabriques italiennes enveloppées dans l'atmosphère nacrée de la terre de France; guinguettes de banlieue transformées en tours romantiques; paluds antiques rapportés de Bougival; et, dans les buées qui s'élèvent des berges humides, dans l'ombre lumineuse des clairières paisibles, un peuple venu on ne sait d'où : pâtres d'églogue, nautoniers de romance ou cavaliers de tragédie; une humanité fabuleuse, qui improvise une ronde à l'orée d'une forêt ou plonge sa blonde nudité dans le cristal d'un lac solitaire. Dans cet univers de Corot, le rêve ne vous fait, malgré tout, jamais quitter la terre. Vous respirez à pleins poumons; l'air circule sous la feuillée; les buissons légers invitent le pinson et la fauvette. Corot veut les entendre chanter dans son tableau. A quelqu'un qui lui demandait un paysage avec des arbres aux branches légères, comme il excellait à les peindre : « Soyez tranquille, répond-il; je travaille pour les petits oiseaux. »

S'il réussit à satisfaire ces gentils gazouilleurs, c'est qu'il est assidu auprès d'eux dès que la saison se montre clémente. C'est qu'en leur compagnie il redevient l'écolier attentif et humble. Adieu la folle du logis quand la nature parle. Point de libertés avec cette maîtresse-là. La moindre familiarité serait une offense à sa majesté. Au mois de juin 1862, nous sommes à Luzancy. Corot a planté son chevalet sur la berne gazonnée du vieux chemin qui mène au village voisin de Méry. Le feuillage argenté des grisards frissonne dans l'atmosphère laiteuse. Cependant il souffle un vent aigre, chargé de frimas tardifs. Bourrasques et giboulées malmènent le travailleur. Tous les jours, une averse le trempe et interrompt la séance. Ses camarades, de guerre lasse, ont lâché pied. Mais lui s'acharne et fait un chef-d'œuvre *(Fig. 176)*. Une légende, qui n'est point banale, fait planer l'ombre de La Fontaine à la place même où s'est assis Corot. Cette tradition voit dans le site peint par lui le

> ...chemin montant, sablonneux, malaisé,
> Et de tous les côtés au soleil exposé

dont parle le fabuliste; elle veut que celui-ci l'ait décrit d'après nature et l'asseoit sur une borne de la route d'Allemagne, le crayon à la main, écoutant les inspirations de sa veine poétique, tandis que l'attelage du fameux coche, suant et soufflant, monte la côte sous le harcèlement affairé de la mouche. Quelle que soit son authenticité, l'anecdote est plaisante. Il faut savoir gré à l'artiste qui l'a recueillie en cherchant l'inspiration d'un paysage sur les traces de Corot [1].

De mauvaises nouvelles de la santé de M. Sennegon attristent la fin de ce séjour à Luzancy. Corot a projeté d'accompagner Dutilleux chez ses enfants, à Arras. Mais il n'y faut plus penser. Il lui écrit (24 juin 1862) : « Voici notre pauvre M. Sennegon qui a une nouvelle attaque, et le médecin nous en fait redouter d'autres. Avec ces inquiétudes, je me vois forcé de renoncer au voyage d'Arras et aux autres; il me serait impossible de prendre le moindre plaisir... Et Madame Sennegon toujours dans son lit!... Je vais retourner au plus tôt à Ville-d'Avray, pour ne plus bouger. » Il passe, en effet, tout le mois de juillet à Ville-d'Avray [2]. *(Fig. 186 et 188)*.

[1] Frédéric Henriet. *Les campagnes d'un paysagiste*, p. 137.
[2] Lettres à Dutilleux, du 3 et du 20 juillet 1862.

Un peu rassuré sans doute par la suite, il se laissait enlever par son ami Badin, qui partait pour Londres à l'occasion de l'Exposition Universelle. Badin emmenait avec lui son fils; et celui-ci, qui a occupé la place de son père à la tête de la manufacture de Beauvais, gardait naguère de ce voyage un vivant souvenir. Il se rappelait Corot faisant bonne contenance, grâce à sa chère pipette, pendant une traversée houleuse; ses démêlés dans le train, à Folkestone, avec les Anglais dont le « No smoking » s'était heurté à son invincible obstination; et surtout la mystification involontaire par l'aimable vieillard d'un de ses compagnons de route. — « Très mauvais pour la santé », avait proféré le sentencieux voyageur britannique, en indiquant la petite pipe couronnée de son nuage bleu. Corot, avec son bon sourire, avait répliqué : « Bah! j'irai jusqu'à cent quatre ans! » L'Anglais de lever les bras au ciel : « Cent quatre ans! » Il avait compris qu'il avait affaire à un centenaire, et son admiration était comique. Le quiproquo enchantait Corot. — Une réception des plus cordiales fut faite aux voyageurs par les peintres anglais. Deux d'entre eux, auxquels ils avaient été recommandés, Crowe et Prinsep, furent leurs truchements habituels. Le talent de Corot, déjà acclimaté au-delà du détroit et consacré officiellement par sa participation à l'Exposition, aurait suffi à le faire bienvenir. Sa bonne humeur et son aménité bienveillante achevèrent de conquérir ses hôtes. L'un d'eux lui faisant les honneurs de son atelier, où quelque Vénus trônait sur un chevalet : « Mais c'est un Titien! » s'écriait-t-il, et il prodiguait la plus franche admiration à son confrère ravi. Un autre artiste, nommé Harry Wallis, était admis à l'accompagner dans une promenade sur la Tamise, jusqu'à Marlow. Il faisait un temps superbe; un beau soleil éclairait la campagne et Corot, préparé à ne voir que du brouillard en Angleterre, s'étonnait de cette lumière brillante; son compagnon était frappé des marques de surprise qu'il laissait échapper [1]. Sa gaîté était devenue plus exubérante que jamais au contact du flegme britannique. Il chantait à tue-tête et gambadait comme un enfant, sans souci du qu'en dira-t-on. Il eût répété au besoin, pour son compte : « Honni soit qui mal y pense ».

Les plus riches galeries de Londres s'ouvraient pour lui. Il visitait notamment celle du duc de Westminster et il a marqué sur son carnet les tableaux qui l'ont frappé dans cette collection : « 2 Claude Lorrain (2 soirs) ; 1 Raphaël (grand tableau : Vierge, Jésus enfant et saint Jean-Baptiste), admirable ; 1 Rembrandt, paysage ; 1 Salvator, 10 à 15 pieds ; 1 Hobbema, très beau. » Un petit croquis du paysage de Rembrandt accompagne ce memorandum. Après avoir parcouru l'Exposition Universelle, le voyageur avait éprouvé le besoin de se reposer à sa façon en prenant ses pinceaux. Le Palais de Cristal, Richmond *(Fig. 181)* et les bords de la Tamise lui ont fourni trois motifs. Mais il n'eut pas le temps d'en peindre davantage ; le voyage, en tout, ne durait qu'une semaine.

Au cours de cette même année 1862 se place encore un séjour de Corot en Saintonge. M. Étienne Baudry, riche propriétaire, grand ami des arts et des artistes, possédait, aux environs de Saintes, le domaine du Port-Berteau, dans la commune de Rochemont. Le peintre Auguin comptait parmi les familiers de la maison. Corot y fut peut-être présenté par lui. En tout cas, ils s'y rencontrèrent ensemble. L'élève travailla auprès du maître sous les majestueuses futaies du parc *(Fig. 175)*. Leurs aspects grandioses enchantaient Corot et le portaient au lyrisme. Un jour que des réminiscences d'*Orphée* hantaient sans doute son esprit, il s'écriait : « Ces lieux seront mes Champs-Élysées. Quand j'aurai quitté la vie, c'est ici que viendra errer ma pauvre ombre ; ce sera sa promenade éternelle. » Le Port-

[1] David Croal Thomson. *The Barbizon school*, Londres, Chapmann et Hall édit., page 43.

Fig. 180. — Marcoussis, vers 1865.

Fig. 181. — Richmond, près Londres, 1862.

Fig. 182. — Flesselles, 1863.

Fig. 183. — Flesselles, 1863.

Fig. 184. — Fernand Corot, 1863.

Fig. 185. — Souvenir de Mortefontaine. Salon de 1864.

Fig. 186. — L'Étang de Ville-d'Avray, vers 1865.

Fig. 187. — Le coup de vent. Salon de 1864.

Fig. 189. — Ville-d'Avray, vers 1865.

Berteau hébergeait en même temps un autre peintre, que ces
élans de poésie faisaient sourire. C'était Courbet. Le maître
d'Ornans était là comme chez lui. M. Baudry avait mis à sa
disposition une très vaste salle, où il ébauchait le *Retour de la
Conférence*. Entre temps, il se délassait en brossant quelques
paysages. Corot le rencontrait sur le terrain. La suffisance
verbeuse du Franc-Comtois se répandait en longs discours,
auxquels son camarade prêtait une oreille débonnaire. Elle faisait litière de tout ce qui pouvait lui porter ombrage et se
résuma, un beau matin, dans une interrogation caractéristique :
« Voyons, Corot, qu'est-ce que la France compte de vrais
peintres à l'heure qu'il est ?... Moi ». Après une pause, il
ajouta : «... Et puis, vous ». La politesse arrachait une conces-
sion à son amour-propre. Mais Corot, en rapportant cette
parole, disait : « Si je n'eusse été là, je crois bien qu'il m'aurait
oublié sans regret. » Les commensaux du Port-Berteau, au
nombre desquels était encore un peintre nommé Hippolyte
Pradelles, organisèrent, avec le concours de leur amphitryon,
une Exposition à Saintes au début de l'année 1863. Courbet fut
le héros de cette manifestation. Corot, représenté par neuf
toiles, y apporta sa note de poésie discrète et de réalisme
attendri.

Au Salon de 1863, sur trois tableaux qu'il montra, deux
étaient tout bonnement des études ; mais quelles études !
D'abord celle de *Méry*, si volontairement disputée à l'hostilité
des éléments ; puis, aussi, un petit *Etang de Ville-d'Avray*
aperçu à travers la verdure de la rive. Le père Buon, l'âme de
toutes les expositions du Palais de l'Industrie, à l'organisation desquelles présidait son activité bourrue, témoigna, paraît-
il, un mépris hautain pour l'exiguïté de ces œuvres que, dans
son habitude de toiser le talent au mètre, il dénommait dédai-
gneusement des pochades. Il les déclara indignes d'un Salon

officiel. Cette opinion n'était pas sans écho en haut lieu, où le surintendant d'une part et l'Académie de l'autre n'éprouvaient point de tendresse pour Corot. Mais les amateurs se montrèrent plus clairvoyants. *La Vue de Méry* fut réclamée par plusieurs à la fois ; son auteur, après l'avoir vendue à l'un d'eux, dut en faire une copie pour satisfaire un autre. Ce succès eut son écho dans la presse. Castagnary, revenu à de meilleurs sentiments, écrivit, à propos de la *Vue de Ville-d'Avray* : « C'est à se mettre à genoux devant [1]. » Thoré l'appela un chef-d'œuvre [2]. Arthur Stevens imagina de faire commenter Corot par Corot lui-même et lui prêta, à cet effet, une plume plus bavarde que ne le fut jamais la sienne [3]. Le morceau est joli cependant et, bien que dans cette « journée du paysagiste », il y ait, selon l'expression de Th. Silvestre [4], « plus de littérature que de Corot », il convient quand même de citer cette page, qui fit sourire le maître et qu'il ne jugea pas à propos de désavouer.

« Voyez-vous, c'est charmant la journée d'un paysagiste. On se lève de bonne heure, à trois heures du matin, avant le soleil ; on va s'asseoir au pied d'un arbre ; on regarde et on attend. On ne voit pas grand'chose d'abord. La nature ressemble à une toile blanchâtre, où s'esquissent à peine les profils de quelques masses ; tout est embrumé, tout frissonne au souffle fraîchi de l'aube. Bing ! le ciel s'éclaircit... le soleil n'a pas encore déchiré la gaze derrière laquelle se cachent la prairie, le vallon, les collines de l'horizon... Les vapeurs nocturnes rampent encore comme des flocons argentés sur les herbes d'un vert transi. Bing !... bing !... un premier rayon de soleil... les petites fleurettes semblent s'éveiller joyeuses... elles ont toutes leur goutte de rosée qui tremble... les feuilles frileuses s'agitent au souffle du matin... Sous la feuillée, les oiseaux invisibles chantent... Il semble que ce sont les fleurs qui font leur prière... Les amours à ailes de papillons s'ébattent sur la prairie et font onduler les hautes herbes... On ne voit rien... tout y est... Le pay-

(1) *Salon de 1863*, p. 145.
(2) *Salon de 1863*, p. 401.
(3) *Un étranger au Salon*, par J. Graham (Stevens).
(4) *La galerie Bruyas, avec le concours des écrivains et artistes contemporains*, p. 27.

sage est tout entier derrière la gaze transparente du brouillard qui monte...
monte... monte, aspiré par le soleil,... et laisse, en se levant, voir la rivière
lamée d'argent, les prés, les arbres, les maisonnettes, le lointain fuyant. On
distingue enfin tout ce que l'on devinait d'abord.

« Bam ! le soleil est levé... Bam ! le paysan au bout du champ avec sa
charrette attelée de deux bœufs... Ding ! ding ! c'est la clochette du bélier qui
mène le troupeau... Bam ! tout éclate, tout brille... tout est en pleine lumière,... lumière blonde et caressante encore. Les fonds, d'un contour
simple et d'un ton harmonieux, se perdent dans l'infini du ciel, à travers
un air brumeux et azuré... Les fleurs relèvent la tête,... les oiseaux volètent
de ci de là... Un campagnard, monté sur un cheval blanc, s'enfonce dans le
sentier encaissé... Les petits saules arrondis ont l'air de faire la roue au
bord de la rivière.

« C'est adorable !... et l'on peint ! et l'on peint !... Oh ! la belle vache
alezane enfoncée jusqu'au poitrail dans les herbes humides... Je vais la
peindre... Crac ! la voilà ! Fameux ! fameux ! Dieu, comme elle est frap-
pante ! Voyons ce qu'en dira ce paysan qui me regarde et n'ose pas approcher ? Ohé, Simon ! — Bon, voilà Simon qui s'approche et regarde. — Eh
bien, Simon, comment trouves-tu cela ? — Oh ! dam ! m'sieu... c'est ben
biau, allez ! ... — Et tu vois bien ce que j'ai voulu faire ? — J'crois ben que je
vois ce que c'est .. c'est un gros rocher jaune que vous avez mis là !

« Boum ! boum ! midi ! Le soleil embrasé brûle la terre... Boum ! tout
s'alourdit, tout devient grave... Les fleurs penchent la tête,... les oiseaux se
taisent, les bruits du village viennent jusqu'à nous. Ce sont les lourds tra-
vaux,... le forgeron dont le marteau retentit sur l'enclume... Boum ! ren-
trons ! On voit tout, rien n'y est plus. Allons déjeuner à la ferme... Une
bonne tranche de la miche de ménage, avec du beurre frais battu,... des
œufs,... de la crème,... du jambon ! Boum !... Travaillez, mes amis, je me
repose,... je fais la sieste... et je rêve un paysage du matin ;... je rêve mon
tableau... Plus tard, je peindrai mon rêve.

« Bam ! bam ! Le soleil descend vers l'horizon... Il est temps de
retourner au travail... Bam ! le soleil donne un coup de tam-tam... Bam !
il se couche au milieu d'une explosion de jaune, d'orange, de rouge-feu,
de cerise, de pourpre... Ah ! c'est prétentieux et vulgaire ! je n'aime pas
ça... Attendons... Asseyons-nous là, au pied de ce peuplier,... auprès
de cet étang uni comme un miroir... La nature a l'air fatiguée,... les
fleurettes semblent se ranimer un peu... Pauvres fleurettes... Elles ne

sont pas comme nous autres hommes, qui nous plaignons de tout. Elles ont le soleil à gauche.... elles prennent patience... Bon, se disent-elles; tantôt, nous l'aurons à droite... Elles ont soif,... elles attendent !... Elles savent que les sylphes du soir vont les arroser de vapeur avec leurs arrosoirs invisibles,... elles prennent patience en bénissant Dieu.

« Mais le soleil descend de plus en plus derrière l'horizon... Bam! il jette son dernier rayon, une fusée d'or et de pourpre, qui frange le nuage fuyant... Bien! le voilà tout à fait disparu... bien! bien! Le crépuscule commence... Dieu! que c'est charmant! Le soleil a disparu. Il ne reste dans le ciel adouci qu'une teinte vaporeuse de citron pâle, dernier reflet de ce charlatan de soleil, qui se fond dans le bleu de la nuit, en passant par des tons verdâtres de turquoise malade, d'une finesse inouïe, d'une délicatesse fluide et insaisissable... Les terrains perdent leur couleur,... les arbres ne forment que des masses brunes ou grises,... les eaux assombries reflètent les tons suaves du ciel... On commence à ne plus voir,... on sent que tout y est... Tout est vague, confus... La nature s'assoupit... Cependant, l'air frais du soir soupire dans les feuilles,... la rosée emperle le velours des gazons... Les nymphes fuient,... se cachent... et désirent être vues... Bing! une étoile du ciel qui pique une tête dans l'étang... Charmante étoile, dont le frémissement de l'eau augmente le scintillement, tu me regardes... Tu me souris, en clignant de l'œil... Bing! une seconde étoile apparaît dans l'eau, un second œil s'ouvre. Soyez les bienvenues, fraîches et souriantes étoiles... Bing! bing! bing! trois, six, vingt étoiles... Toutes les étoiles du ciel se sont donné rendez-vous dans cet heureux étang... Tout s'assombrit encore... L'étang seul scintille... C'est un fourmillement d'étoiles... L'illusion se produit... Le soleil étant couché, le soleil intérieur de l'âme, le soleil de l'art se lève... Bon, voilà un tableau fait !... »

Tandis que l'écrivain le fait discourir de la sorte, l'artiste a pris pour de vrai la clef des champs. Au mois d'avril 1863, il marie son neveu Chamouillet à Château-Thierry. Laissant la noce se préparer, il gagne le chemin de ronde du vieux château et s'arrête en face de la tour de Saint-Crépin, qui émerge de la vallée. Il passe là toutes ses matinées *(Fig. 174)*. Ce n'est pas une petite affaire que de mettre un ciel d'accord avec le terrain qu'il reflète et de faire circuler de l'air entre les branches des arbres. Le vieillard recommence à chaque séance son tableau de fond en comble. Cette prudente lenteur ne dit rien qui vaille à certain « connaisseur » de l'endroit qui, du coin de l'œil, l'a regardé faire. Le père de Boussois, ancien notaire royal, qui se pique de bel esprit, opine qu'il est pitoyable de voir un homme à cheveux blancs tâtonner de la sorte et que ce malheureux ne doit pas avoir tous les jours un morceau de pain à se mettre sous la dent. Puis, lorque sa méprise lui est révélée avec le nom de Corot, « Eh bien, fait-il avec suffisance, il est diablement emprunté votre Corot ! » Frédéric Henriet, qui avait reçu la confession de ce pédant, dont il était le compatriote, l'a contée en même temps que les vicissitudes du petit paysage en question [1], sorti de l'atelier pour séjourner quelques semaines dans la vitrine d'un marchand de la rue Laffitte, puis disparu un beau matin, emprunté sans doute par quelque copiste, et point restitué à son auteur. Corot avait renoncé à le retrouver quand un singulier hasard le lui fit rencontrer dans la maison d'un camarade auquel il venait rendre les derniers devoirs. En dépit des circonstances, qui auraient peut-être fait hésiter une nature moins primesautière, il s'en fut droit au fils du défunt, qui conduisait le deuil : « Mon ami, lui dit-il, tu vois ce tableau ? Il est à moi. » C'est ainsi que l'égaré rentra au bercail.

Derrière Corot, en train de peindre au pied du château des comtes de Champagne, à deux pas de la maison de La Fontaine, un jeune homme s'est arrêté. Plein de déférence respectueuse, il regarde et se tait. Mais le maître a deviné un adepte à la flamme qui brille dans ses yeux. C'est lui qui l'aborde. « Vous êtes peintre, mon enfant ? Eh bien, venez me voir ; nous causerons de notre affaire. » Voilà comment Léon Lhermitte apprit le chemin de la rue Paradis-Poissonnière. Corot aimait la jeunesse, et la jeunesse l'aimait à son tour. En opposition

[1] *Le Journal des Arts*, 26 novembre 1900.

avec l'Institut, qui s'acharnait à barrer la route aux aspirations indépendantes, une phalange résolue de talents bien trempés se réclamait d'un maître qui ne reconnaissait d'autre règle que la conscience individuelle. Elle marchait, à son exemple, vers la libre conquête de la lumière; sur un mode nouveau, elle s'étudiait à redire l'antique chanson si bien interprétée par lui et qu'à son école plusieurs avaient apprise [1].

L'apparition de Corot à Château-Thierry fut, cette fois-là de courte durée. Mais la dame chez qui on l'avait logé, Mme Salleron-Charpentier, lui fit promettre de revenir. Il promit de bon cœur et se garda d'oublier par la suite son engagement. Il reparut les années suivantes et glana plusieurs motifs au bord de la Marne ou dans les bois des environs. La distance n'était pas longue de Luzancy, toujours inscrit sur la liste de ses villégiatures, jusqu'à Château-Thierry. Aussi bien, Corot ne regardait pas, on le sait, à un voyage. Dans une lettre, du 23 juillet 1863, à Mme H. Darier (de Genève), il dit qu'il revient de « toutes ses courses vagabondes » et qu'il repart pour Dardagny, mais qu'il a « si peu de temps à rester » qu'il craint de ne pouvoir pousser jusqu'à Gruyères. Nous sommes sans détails sur les « courses vagabondes » en question. Un billet daté d'Épernon, en Normandie, le 6 juin : voilà tout. Mais qu'importe ? L'itinéraire varie ; les stations sont toujours à peu près les mêmes.

A la fin de l'automne, une localité nouvelle le possède : un bourg des environs d'Amiens, du nom de Flesselles. Son neveu, le percepteur, a quitté Aiserey pour ce nouveau poste. Vivent les chaumières picardes et la simplicité villageoise ! *(Fig. 182 et 183).* Après quelques jours de bonne intimité familiale, le 2 novembre au matin, l'oncle embrasse sa nièce et monte dans le cabriolet qui l'emporte au chemin de fer. Mais on s'est trop attardé

[1] Claude Monet, rendant compte du Salon de 1859 dans une lettre à Eugène Boudin, disait avec enthousiasme : « Les Corot sont de simples merveilles. » (G. Cahen, *Eugène Boudin, sa vie et son œuvre.* Floury, édit., p. 26.)

aux adieux. Le train part sous le nez du voyageur. Le Père Lachaise n'aura pas sa visite coutumière. Un autre montrerait de l'humeur. Lui prend bien vite son parti du contre-temps. Il a justement sous la main un modèle. Fernand, son petit-neveu, l'a accompagné avec son père. On s'installe au café de la gare et, quand l'heure du train suivant arrive, la mésaventure a porté fruit : le père emporte le portrait de son enfant *(Fig. 184)*.

La sévérité du jury académique, si grande en 1863 que le souverain lui-même s'en était ému et avait ordonné l'ouverture du Salon des refusés, est cause d'un changement dans l'organisation des expositions officielles. A partir de 1864, l'admission aux Salons, désormais annuels, ainsi que la distribution des récompenses, appartiennent à une commission composée pour un quart de membres choisis par l'Administration et, pour les trois quarts, d'artistes élus par leurs pairs. En même temps, afin de donner satisfaction à plus d'exposants, le nombre des envois, pour chacun, est limité à deux. Voici le résultat du scrutin de 1864 pour la peinture :

<pre>
  1 Cabanel, membre de l'Institut, professeur à
      l'Ecole des Beaux-Arts. . . . . . . . . .   163 voix.
  2 Robert-Fleury, membre de l'Institut, profes-
      seur à l'Ecole des Beaux-Arts. . . . . . .   144 —
  3 Gérôme, professeur à l'Ecole des Beaux-Arts   140 —
  4 Pils, professeur à l'Ecole des Beaux-Arts . .  136 —
  5 Bida. . . . . . . . . . . . . . . . . . . . .  104 —
  6 Français. . . . . . . . . . . . . . . . . . .   93 —
  7 Fromentin . . . . . . . . . . . . . . . . . .   81 —
  8 Corot . . . . . . . . . . . . . . . . . . . .   77 —
  9 Meissonier, membre de l'Institut . . . . . .    65 —
</pre>

Hippolyte Flandrin et Léon Cogniet, membres de l'Institut, ne viennent que comme supplémentaires, avec 62 et 55 voix. Ingres et Picot n'en réunissent chacun que 42. C'est la défaite de l'Académie. Ses ennemis se sont comptés sur le nom de Corot, qui les a laissés faire, mais qui oppose sa douce sérénité aux colères des uns et des autres. La bataille n'est pas son affaire. Qu'on le laisse au bord de la moire des eaux silencieuses, dans l'ombre légère des frondaisons de *Mortefontaine*, parmi les gentils ébats des fillettes idylliques *(Fig. 185)* ; qu'on ne dérange pas le visionnaire dont l'œil aperçoit là-bas, sur la lande, la rage du vent et la lutte d'une misérable créature humaine contre la force brutale de l'élément déchaîné *(Fig. 187)*. Les deux toiles qu'il expose sont deux poèmes différents : celui-ci empreint d'une grandeur tragique tandis que l'autre vaut par le charme et la grâce. Ce dernier eut l'honneur d'être acquis par l'État et d'être placé dans le palais de Fontainebleau. Il est aujourd'hui au Louvre.

En même temps qu'à Paris, Corot se faisait voir en province. Le *Concert* allait le représenter à Limoges, avec quelques toiles de moindre importance. A Toulouse, il envoyait l'*Étoile du Soir (Fig. 194)*, que les Toulousains eurent le bon esprit de ne pas laisser sortir de chez eux et de retenir pour leur musée, sans qu'il leur en coûtât plus de 3.000 francs. Il était temps ; l'Amérique avait déjà l'œil sur Corot. Un amateur de Baltimore, M. Walters, était venu frapper à la porte de l'atelier et l'œuvre, en train sur le chevalet, avait allumé la convoitise dans son esprit. Il tergiversa, par bonheur pour la France, et n'emporta qu'une réplique au-delà des mers.

Une auréole de gloire couronne à cette heure la tête du vaillant artiste, qui jouit d'une notoriété universelle et que partout on appelle avec une familiarité respectueuse « le père Corot ». Les photographes reproduisent à l'envi son fin sourire de paysan malin et bon enfant et sa robuste carrure, qui semble défier la vieillesse *(Fig. 173)*. Sa figure est populaire et plaît, fût-on réfractaire à la poésie de son talent. Le nombre de ceux que celui-ci a touchés croît d'ailleurs de jour en jour. Lui,

Fig. 189. — Maisons de paysans, vers 1865.

Fig. 190. — Maisons de paysans, vers 1865.

Fig. 191. — La Bacchante. Salon de 1865.

Fig. 192. — Souvenir des environs du lac de Nemi. Salon de 1865.

Fig. 193. — La solitude, souvenir de Vigen. Salon de 1866.

Fig. 194. — L'étoile du soir, 1864.

Fig. 195. — Orphée saluant la lumière, 1865.

Fig. 196. — Le sommeil de Diane, 1865.

cependant, poursuit son œuvre avec tranquillité. Voici venir le
Salon de 1865. Son imagination explore le pays féerique où,
dans les horizons bleutés dominant le sommeil des eaux alan-
guies, émergent les coupoles classiques, et qu'il appelle l'Italie.
Il en rapporte un *Lac de Nemi* de sa façon, qui fait rêver *(Fig.
192)*. Il a fouillé aussi les bocages où les nymphes jouent avec
les amours sous la lumière timide des lueurs matinales. Dans
une blonde clairière, il a découvert une *Bacchante*, dont l'incer-
taine mythologie est faite d'humaine beauté *(Fig. 191)*. L'ardente
déesse est aux prises avec un de ces petits génies légers qui
lutinent la jeunesse des filles. D'autres ont échappé déjà à son
étreinte et s'enfuient à tire d'aile. Enchaînera-t-elle le volage
Cupidon ? On devine au bout du pinceau de Corot un sourire
à la façon du bon La Fontaine. Et toute la galerie d'applaudir.

Cette exposition fut un triomphe. Les amis du maître con-
çurent l'espoir de le voir consacré officiellement par la médaille
d'honneur. Malheureusement, en face de Corot se dressa un
redoutable concurrent : Cabanel, avec le *Portrait de l'Empereur*. La lutte fut chaude. On ne compta pas moins de dix-huit
scrutins. Au dernier, Corot fut battu.

Il n'était pas homme à s'affecter de cette défaite. La joie de
peindre absorbait son âme heureuse. Justement, un architecte
d'un goût éclairé venait de combler ses vœux en faisant appel à
lui comme décorateur. Alfred Feydeau, qui bâtissait l'hôtel
du prince Demidoff, le chargeait de deux grands panneaux
pour cette maison, qu'à la demande de cet homme avisé, Millet,
Rousseau et Fromentin devaient aussi orner de leurs peintures.
Corot alla s'installer à Fontainebleau, dans l'atelier de son ami
Comairas et se mit à l'œuvre d'arrache-pied. Au mois de juillet,
pressé par Dutilleux de l'accompagner chez ses enfants, dans le
Nord, il lui écrivait (4 juillet 1865) : « ..... A cause de mon
scélérat de travail qui marche bien lentement, je serai forcé de

raccourcir mon voyage. Je ne pourrai pas faire de long séjour
à Douai et à Arras, voulant être remis au travail le 15, à Fontainebleau. »

Il emporta ses compositions dans sa tête, et ne fut point
embarrassé de les reproduire par cœur lorsque la curiosité de
son entourage fit appel à ses souvenirs *(Fig. 195 et 196)*. En
pareil cas, il avait recours à l'éloquence succincte du fusain,
dont le charbonnage estompé lui agréait particulièrement
depuis que sa technique élargie sacrifiait les détails aux masses
et la précision à l'enveloppe. Il esquissa donc deux dessins à
l'image des panneaux en voie d'exécution. Dans l'un, *Orphée*
saluait le jour naissant ; dans l'autre, la nuit enveloppait de
son ombre transparente le chaste sommeil de *Diane*. Ce n'était
que du noir sur du papier blanc ; mais, grâce à la parfaite harmonie des valeurs, la magie des couleurs devenait superflue.
O les mémorables soirées où, là-bas, sous la lampe familiale, le
« bon papa », las d'avoir ri à la kermesse, se reposait avec un
bout de charbon entre les doigts et tirait de sa poussière l'infini
de la création ! Mais, hélas, il fallait partir au bout de huit
jours ! La besogne pressait. Le client exigeait la livraison de sa
commande pour le 1ᵉʳ septembre.

Rentré à Fontainebleau *(Fig. 189 et 190)*, Corot escompte
d'avance l'avenir et raconte ses plans à Dumax, auquel il écrit
(6 août 1865), en parlant d'une visite à Marcoussis qu'il lui a
promise : « Il a été dit dans le temps que ce serait pour le 16 ou
17 septembre, parce que mon travail commandé est pour livrer
le 1ᵉʳ septembre. De là (Fontainebleau), je vais en Normandie
et je reviens le 15. Ainsi, te voilà instruit ; et je t'assure que je
suis bien impatient d'aller vous voir et faire notre joli séjour
chez toi. » La Normandie dont il est ici question, c'est une
campagne à la porte de Vimoutiers, dans l'Orne, dont le propriétaire, M. Briand, ami d'Armand Leleux et de Farochon,

est entré par eux en relations avec Corot. Amateur intelligent, il a su retenir pour lui quelques-unes de ses plus belles toiles ; puis, il l'a attiré sous son toit, dans le confortable très simple d'une existence bourgeoise sans morgue, en harmonie avec ses goûts de travailleur. Les bois qui entourent le cottage de la Hunière abondent en jolis motifs. D'aimables jeunes personnes font cortège au maître. L'une d'elles s'essaie à crayonner sous sa direction ; il encourage avec bienveillance ses hésitations de débutante. Le fils de Farochon avait conservé pieusement une petite photographie, faite par lui en ce temps-là, où l'on apercevait le regard du vieillard attaché sur un dessin proposé à son jugement et son doigt soulignant un conseil. Dans ce cercle sympathique, à tout instant le badinage de Corot éclate en saillies joyeuses. S'avise-t-il d'esquisser un portrait de fillette : « Voici le peintre d'histoire », fait-il avec un haut-le-corps comique ; puis il change de ton quand, la minute d'après, il apparaît, pliant sous le poids de son attirail de campagne : « Messieurs, c'est au paysagiste que vous avez maintenant l'honneur de parler. » Certain jour, la causerie a pris un tour sérieux ; de graves problèmes philosophiques sont agités. On parle de la vie future ; il écoute avec une moue rêveuse. Tout à coup, il rompt le silence : « Ah ça, voyons, j'espère bien qu'on fera de la peinture là-haut ? » Il n'aurait pas fait bon lui soutenir le contraire.

Après Vimoutiers et Marcoussis *(Fig. 180)*, Marlotte était au programme pour le 15 octobre. Corot avait pris rendez-vous avec Dutilleux qui, arrivant d'Arras, devait le rejoindre à Paris, à la gare. « Le convoi part à midi, lui écrivait-il la veille. Il faut donc être à 11 h. 1/2 au débarcadère. » Quand ces lignes arrivaient à destination, Dutilleux, hélas, n'était plus. Frappé de congestion en route, il n'avait pas repris connaissance. Cette mort fut pour Corot un coup sensible. Elle l'atteignait dans une de ses plus profondes affections. Il conduisit le deuil de son ami avec la famille du défunt et demeura quelque temps auprès d'elle pour adoucir sa douleur en la partageant.

Cependant, le chagrin n'avait pas de prise durable sur lui. Il oubliait les heurts de la vie dans la sereine atmosphère où vivait son rêve. Son esprit s'en alla sur la rive lointaine d'un étang entrevu jadis dans une campagne du Limousin, et la paix de ces lieux solitaires l'inspira. Il aperçut la délicate silhouette d'une paysanne de Vigen, assise au pied d'un frais buisson ; et il détailla amoureusement ce doux poème matinal. Puis, la mythologie d'opéra eut aussi sa part. Je ne sais quelle fête antique peupla la pénombre d'une soirée au bord d'un bois mystérieux, en vue d'une colonnade classique, durant que les enfants des nymphes formaient une ronde dans la rosée crépusculaire. Cette *Solitude (Fig. 193)* et ce *Soir* composèrent le Salon de Corot en 1866. L'ardente compétition de l'année précédente pour la médaille d'honneur le mettait plus que jamais en vedette. De tous côtés on réclamait ses œuvres. La faveur de l'Empereur suivit celle du public, que jadis, on s'en souvient, elle avait devancée. Napoléon acheta *La Solitude* pour la collection particulière de l'Impératrice et la paya 18.000 francs.

Il n'est pas sans intérêt historique de signaler l'initiative intelligente d'un souverain qui, sans être, à proprement parler, un connaisseur, était doué d'une intuition assez pénétrante pour confier l'éducation artistique du Prince Impérial à Carpeaux, après avoir choisi Couture pour peindre la cérémonie de son baptème. Son indolence n'était souvent qu'apparente. Assez faible pour appeler à la Surintendance la fatuité ignorante d'un Nieuwerkerke, sa volonté se réveillait en face des injustices de l'Institut et avait ordonné le procès en revision du Salon des refusés, célèbre par les noms de ceux qui y figurèrent et que le temps s'est chargé depuis de réhabiliter. Corot fut invité aux Tuileries et ne crut pas pouvoir se dispenser de la corvée. Et puis, après tout, là aussi, comme au théâtre, les nymphes n'avaient-elles pas leurs entrées? Je tiens d'un comtemporain, qui l'a coudoyé dans les salons impériaux, que la réception officielle ne lui imposait aucune contrainte : les yeux perdus dans quelque douce songerie, le sourire sur les lèvres, il chantonnait presque à haute voix et accompagnait sa romance en tambourinant du bout des doigts sur le battant d'une porte.

Corot était tous les ans du jury; Français en faisait partie non moins régulièrement. Daubigny y entra en 1866 pour la première fois, le nombre des jurés ayant été doublé. Les trois amis se rencontrèrent devant les tableaux de Courbet, la *Femme au perroquet* et la *Remise de Chevreuils*. Ce fut un coup de foudre. Daubigny s'écriait : « Qu'on ne me parle plus des anciens. Il n'y en a pas un pour résister à côté de ce gaillard-là ! » Corot renchérissait sur cette extase, disant : « Je remercie le ciel de m'avoir fait naître dans le même siècle que cet admirable artiste. » Français seul se taisait. Malgré tout, on l'entraîna boire un bock au café Frontin, à la santé de Courbet. Alors, il se mit à dénigrer. Il fut impitoyable pour la *Remise de Chevreuils*. « Les arbres étaient mal dessinés, les animaux guère mieux; les terrains n'étaient pas construits; le tableau ne soutenait pas l'examen. » Daubigny fronçait le sourcil sans répondre. Mais Corot fut ébranlé; et il vida son verre, non plus en l'honneur de Courbet, mais en célébrant, avec une malice conciliante, la forme et les valeurs, règles éternelles du beau dans les arts.

Faut-il attribuer à l'influence de Français l'accueil plutôt défavorable que reçurent auprès de Corot, à cette époque, les représentants de l'impressionnisme naissant? Quoi qu'il en soit, on doit à la vérité de constater qu'il ne se prêtait pas à reconnaître sa lignée dans cette famille d'artistes amoureux, comme lui, de lumière et de vérité. Il parla sévèrement à Pissarro ; c'est lui-même qui nous l'a confessé. Il laissa à Daubigny l'honneur de prôner Monet. Quant à Manet, ce tempérament original l'effarouchait ; ce fut sans succès que La Rochenoire, épris des belles hardiesses du jeune maître, s'efforça de lui faire partager son admiration. La désinvolture insolite de cet enfant terrible l'étonnait et le déroutait, comme la fougue d'un Delacroix ou l'énergie d'un Millet s'étaient heurtées, pendant de longues années, à la quiétude un peu timorée de ses habitudes. Au fond, la peinture de ses contemporains, aussi bien que celle des musées, occupait peu sa pensée qui, absorbée par la gestation de ses œuvres, n'avait pas le loisir d'approfondir celles d'autrui.

Beauvais fut, à ce qu'il semble, sa première villégiature en 1866. Son ami Badin, passé à la direction des Gobelins, n'était plus là pour le recevoir ; mais, à défaut de la sienne, une autre maison d'artiste était prête à l'accueillir. C'était celle de M. Wallet, un amateur doublé d'un peintre, qui habitait, dans Voisinlieu, à la porte de la ville, une ravissante propriété traversée par le cours sinueux du Thérain. Corot, présenté jadis dans cette demeure par Badin, avait été séduit par la beauté des lieux ; il accepta d'autant plus volontiers l'offre qui lui fut faite d'y séjourner que le fils de son ami, qui débutait alors dans la peinture, lui servit d'introducteur et de compagnon. Il ne tarda pas, du reste, à se trouver à l'aise dans cette famille, où les artistes étaient reçus à bras ouverts, où la plus grande liberté était laissée aux allées et venues du paysagiste et où, le soir, dans un petit fumoir orné par le maître du logis d'une décoration plus ou moins orientale, les pipes s'allumaient en même temps que la causerie. De la terrasse, où, sous un arceau de verdure, deux petits Cupidons mutins souriaient encore naguère à l'ombre évanouie mais présente de Corot, le regard embrasse la verdoyante vallée. Dès que l'horizon se teintait de rose, il était là, le harnois sur le dos, le nez au vent. Le parc et la campagne voisine se partageaient son attention et fixaient tour à tour son caprice. Un érudit local, chercheur patient et élégant interprète de ses trouvailles, M. Gaston Varenne, s'est efforcé de suivre l'artiste pas à pas [1]. Il a relevé, pour plusieurs études, la place exacte où Corot avait planté son chevalet. M. Jules Badin l'a souvent guidé de ses souvenirs; car, ces séances mémorables, ce disciple du maître ne les avait pas oubliées. Corot dirigeait alors sa main novice et instruisait son regard. Plein d'indulgence pour un effort sincère, il était impitoyable contre la moindre tricherie. Un jour, par exemple, ayant surpris son petit ami en train d'ajouter de chic quelques détails à une étude qu'il venait de rapporter à la maison, il ne se possédait plus et, lui arrachant son crayon des mains. « Les chiqueurs, s'écriait-il, sont des menteurs, et les menteurs sont les pires des hommes. »

De Voisinlieu, un sentier à travers champs conduisait au village voisin de Marissel. Perchée sur une éminence dominant un petit bois précédé lui-même d'un ruisseau, l'église de Marissel offrait un sujet de tableau particulièrement séduisant. Corot esquissa le site sous les yeux de son compagnon habituel *(Fig. 201)*. Le motif était ardu; l'effet changeait souvent. Il revint neuf fois sur les lieux. Le dernier jour, le soleil, au lieu d'être de la partie comme les jours précédents, boudait. Une certaine hésitation paralysait le peintre. L'élève, qui avait son franc-parler avec le cher vieillard, arrêta son bras : « Papa Corot, n'y touchez plus; encore un coup de pinceau et vous gâtez tout. » Corot interloqué s'arrêta. « Tu as raison, gamin, fit-il; allons-nous en. » Empoignant sa toile, il la lança sur le gazon et leva le siège.

[1] *Corot sur les bords du Thérain (La Liberté,* 15 et 16 sept. 1903).

Les environs de Marissel lui fournirent encore d'autres inspirations. La « Rigolotte » serpentant au pied des fûts élancés des frênes et des trembles, puis débouchant dans la plaine et invitant les laveuses à s'arrêter sur ses bords ; les saulaies mêlant dans les prés leur lourdeur trapue à la légèreté des peupliers : tout cela lui plaisait et le retenait. Les paysans d'alentour avaient fini par connaître le « bonhomme en blouse » immobilisé, pendant de longues heures, dans sa contemplation et son labeur ; la curiosité ne réveillait déjà plus leur indolence. Mais à ses traces s'attachait, presque tous les jours, un personnage d'allures plutôt suspectes, nomade en guenilles, que les gens de l'endroit appelaient « le Polonais » et qu'ils observaient avec méfiance. Corot (c'est lui qui l'avouait) avait fini par concevoir, à son tour, de vagues appréhensions à l'égard de cet inconnu. « Bien sûr, il me fera mon affaire », disait-il sur le ton d'un homme qui plaisante, mais, au fond, n'est pas rassuré. Un soir, « le Polonais », avançant tout près de lui, se pencha sur son épaule ; il eut une minute de peur véritable. Mais l'homme, au bout d'un instant, parla ; sa voix était douce ; l'émotion la faisait trembler ; et elle disait : « Oh ! monsieur, que c'est beau ; c'est plein de poésie, ce que vous faites là. » On se sépara en se touchant la main et Corot, racontant cette aventure, concluait : « Il n'y a pas eu dans Beauvais un homme pour me comprendre comme celui-là. Jugez donc les gens sur la mine ! »

Marissel l'avait tant captivé qu'il voulut faire partager son plaisir par un bon camarade. Il rencontrait à Mantes, dans la famille Robert, le peintre Jules Etex, frère du sculpteur, et l'envoyait travailler là-bas. Un habitant de Beauvais, M. E. Herbert, qu'il avait connu exerçant le métier de photographe dans cette ville pendant son séjour à Voisinlieu et qui avait dirigé ses pas vers Marissel, recevait

Fig. 197. — Le matin à Ville-d'Avray. Salon de 1868.

Fig. 198. — Bacchante, vers 1865.

Fig. 199. — Le pont de Mantes, vers 1868 ou 1870.

Fig. 200. — La tour de Montlhéry, vers 1865.

Fig. 201. — Vue prise à Marissel, 1866. Salon de 1867.

Fig. 202. — Le gué. Salon de 1868.

Fig. 203. — Souvenir de Ville-d'Avray. Salon de 1869.

une lettre de lui, recommandant son ami. Voici le billet en question :

Mantes, 8 mai 1866.

Cher Monsieur,

Mon ami Etex, Jules, peintre d'histoire, désirerait faire quelques études dans les environs de Beauvais, que je lui ai vantés. Je vous serais bien obligé d'avoir la bonté de lui indiquer un hôtel modeste où il serait bien et les environs de Marissel, où j'ai travaillé, d'après ce que vous m'avez dit. Un matin, vous pourriez peut-être le conduire, et, là, il chercherait sa nourriture. Excusez-moi, cher Monsieur, mais votre bienveillance m'a enhardi.

Tout à vous.

C. Corot.

Les deux Etex étaient de vieux amis de Corot. Il existe un médaillon de lui par Antoine, daté de 1841, époque vers laquelle celui-ci le recevait dans sa maison de campagne d'Orsay. Jules débutait alors brillamment comme portraitiste et jouissait, durant quelques années, d'une renommée assez lucrative. Mais la mode est capricieuse et ses faveurs inconstantes. Un jour vint où il en fit la cruelle expérience. C'est alors qu'il tâta du paysage. Toutefois, il eut beau suivre Corot et marcher dans son sillage : l'astre garda pour lui le feu sacré. M. Herbert, son guide à Marissel, qui lui offrit un gîte sous son toit, trouva en lui un homme dépité, un lutteur à bout de forces. Cependant, l'inventive ingéniosité de Corot réussissait parfois à lui rendre l'illusion des beaux jours. L'amitié était-elle en jeu, ce cœur-là possédait le secret de tous les subterfuges. Il savait au besoin soudoyer un acheteur quand la délicatesse lui interdisait d'agir en personne.

Depuis que la fortune lui souriait, son plus grand bonheur était d'en faire profiter autrui, et surtout ceux de ses confrères que la vie avait moins gâtés. Ce n'était point assez d'ouvrir sa porte et sa bourse aux infortunes qui venaient à lui; sa bonté voulait deviner et prévenir celles qui se cachaient. Si vous lui

fournissiez une occasion nouvelle d'exercer son inépuisable
charité, il vous remerciait avec effusion. Et en termes exquis !
Une fois, Badin avait fait appel à sa compassion pour un
pauvre hère dans la gêne : « Mon bon ami, lui écrivait-il, vous
m'accusez réception du petit paquet. Toujours heureux de
pouvoir vous êtes agréable. Je suis joyeux... » On n'est pas
humain avec plus de grâce ! — Il lui arrivait, lorsqu'il savait
un artiste besogneux, de feindre l'extase devant quelque
médiocre barbouillage et d'emporter la toile sous son bras
pour déguiser un bienfait. Parfois, ses aumônes accompagnaient
la réhabilitation d'un talent méconnu. Ainsi pour Hervier.
Ainsi encore pour Harpignies. J'ai entendu conter par ce dernier lui-même que le premier billet de mille francs apparu
dans son atelier tomba des mains de Corot, en échange d'une
paire d'aquarelles qu'il eût été heureux de donner pour quelques
louis. Il fallait le voir quand un de ses élèves faisait une vente
de ses œuvres. Lui, dont les minutes étaient comptées, sacrifiait allègrement tout un après-midi à suivre les enchères ; sa
chaleur entraînante animait la bataille et décidait de la victoire.
Lavieille en fit l'épreuve, et il ne fut pas le seul.

Il n'était pas rare qu'on abusât de son inépuisable munificence et que ses dons s'égarassent dans des mains indignes.
Mais son indulgence n'aimait pas qu'on en fît la remarque. Un
matin, sur les onze heures, tandis que, la serviette au cou, il
avale son bol de soupe sous l'œil vigilant d'Adèle, on sonne à
la porte. Entre un vieux camarade d'atelier, qui lui parle à
l'oreille. Corot court au tiroir où se cachent les billets bleus, en
petits paquets préparés d'avance à l'intention des visites de ce
genre ; et le quémandeur part nanti de son petit pécule. A peine
a-t-il tourné les talons qu'Adèle, qui sait ce que vaut le sire,
gourmande la faiblesse de son maître : « Voyons, Monsieur,
pourquoi cet homme-là ne travaille-t-il pas comme Monsieur ?

Est-ce que Monsieur a jamais flâné comme lui ? » Corot la regarde en face et, avec un sourire : « Que voulez-vous, ma bonne Adèle ? Nous ne sommes pas tous taillés sur le même patron. »

Le robuste tempérament du vieillard n'avait jamais eu maille à partir avec la maladie lorsque, tout d'un coup, au mois de juin 1866, il se sentit atteint. Il était alors aux environs de Paris, à Noisy-le-Grand, chez un ami de son élève Oudinot, nommé Bochard. Une crise de goutte très violente lui rappela douloureusement ses soixante-dix ans et l'obligea à suspendre son travail. Il en fut très affecté. Cependant, il fit à mauvaise fortune bonne figure. Il contait son mal à ses amis sur un ton enjoué. Il écrivait au peintre La Rochenoire, admis alors dans son intimité (22 juin 1866) : « Je ne puis plus aller chanter avec les petits oiseaux dans les bois et dans les champs. » Et à Charles Desavary (10 août 1866) : « Je suis retenu à la chambre depuis plus de deux mois par un rhumatisme goutteux ; c'est dur pour un homme des bois. » Il passa l'été à se soigner à Paris, puis à Ville-d'Avray. Alfred Robaut, qui lui rendit visite vers le 15 août, le trouva encore très souffrant. En septembre, il y eut un peu de mieux dans son état, et il en profita pour retourner à Noisy-le-Grand. Mais nous voyons par sa correspondance qu'il était encore obligé à beaucoup de précautions. « Il faut que j'évite l'humidité et les conversations surexcitantes », disait-il à La Rochenoire (lettre du 9 septembre 1866). Adieu les douces réunions amicales. Il dut renoncer à Marcoussis pour cette saison-là et s'excuser auprès de Dumax par la lettre que voici, datée de Noisy-le-Grand :

> Mon cher ami,
>
> Je suis pris et retenu en retraite par un rhumatisme goutteux qui me gêne considérablement dans ma marche. Ça va un peu mieux. Mais, à mon grand regret, il me sera impossible d'aller vous voir, folâtrer et travailler

comme je me le promettais si bien. Voilà deux mois que ça dure. C'est dur. Patience.

Tout à toi de cœur.

C. Corot.

Tout l'hiver, il fut podagre et ne put entreprendre de grandes toiles en vue du Salon. Il n'exposa que deux petites, dont l'une était la *Vue de Marissel (Fig. 201)*. Elle fut très goûtée. Plusieurs amateurs se la disputèrent. La Rochenoire, chargé de l'acheter, avait été devancé. « Pour le *Marisselle* (sic), lui écrit Corot le 4 juin 1867, je regrette bien, il est trop tard. » Il paraît que le client malheureux, dont il est ici question, n'était rien moins que le mandataire de la reine d'Angleterre. Corot faisait sans doute allusion à ce mécompte de la souveraine, qu'il n'avait pu satisfaire, quand il disait, quelques jours plus tard, à son ami (30 juin 1867) : « J'ai vendu mon *Marisselle* (sic) à un Monsieur Laurent-Richard, tailleur. 4.000. Je suis content. Si, en haut lieu, on est si monté pour eux, je ferai descendre *La Toilette*. Nous verrons bien. » *La Toilette*, le tableau du Salon de 1859, faisait partie de l'envoi de l'artiste à l'Exposition Universelle, qui en comprenait six autres : *Saint Sébastien, Macbeth, Pierrefonds, le Matin, le Soir* et *le Souvenir du Lac de Nemi*. Ces œuvres formaient un admirable résumé rétrospectif de la carrière du peintre depuis quinze ans.

Corot, rétabli, quoique tirant encore un peu la jambe, put parcourir les galeries du Champ-de-Mars. Il y fut accompagné un jour par Th. Silvestre, et celui-ci a noté les détails de cette visite, dans un style sténographique qui donne beaucoup de vie à son récit. Voici le morceau [1] :

« A l'Exposition Universelle de 1867, Corot était encore un des premiers artistes vivants. Un jour, nous ne l'oublierons jamais, nous visitâmes avec ce charmant homme la section de peinture par partie de plaisir et quelques sections mécaniques par hasard... « Si vous voulez, nous avait dit Corot,

[1] *Salon de 1873*, dans *le Pays*.

Fig. 204. — Velléda, vers 1865 ou 1870.

Fig. 205. — L'atelier, vers 1865 ou 1870.

Fig. 206. — La perle, vers 1865 ou 1870.

Fig. 207. — Bacchante au bord de la mer, 1865.

Fig. 208. — Eurydice blessée, vers 1865 ou 1870.

demain matin à 10 h. 1/2, nous partirons en carrosse. » Nous allâmes en
carrosse numéroté prendre à son atelier le maître cordial et jovial. Il causait
avec son rentoileur d'une étude grillée par le voisinage de son poêle. Une
vieille femme de ménage lui apportait sa soupe comme à un ouvrier de
chantier. « C'est bon, lui dit-il ; mais il est dix heures un quart, dix minutes
plus tard qu'à l'ordinaire. Dix minutes! c'est affreux. Comment cette
soupe va-t-elle aujourd'hui se comporter en moi ? » Nous nous délectâmes
à revoir les études les plus fameuses de Corot... « Voilà, pour vous, dit-il,
de vieilles connaissances. Une bonne dame, qui m'en avait emprunté quatre
ou cinq depuis un temps immémorial, vient de me les rendre. Je n'en suis
pas fâché. C'est cette armoire qui est contente de les avoir reprises! Je
ne puis vous dire tous les compliments que se font les battants de cette
pauvre armoire et ces pauvres petites études! » — Nous voilà bientôt dans
le carrosse et, chemin faisant, en conversation animée. — « Ah! fit Corot
avec une curieuse moue, voilà l'hôtel, le fameux hôtel de***. C'est plus
riche que beau ; je ne dis pas que les voleurs y viennent, mais ils doivent
avoir bien envie d'y venir. Ce n'est pas nous qui logerions là ; nous irons
ailleurs. Ah! ce nouveau Paris m'ennuie. Tout ce luxe régulier va tout
tuer ; primo, les peintres. Et l'aiment-ils assez, les peintres, ce vilain luxe
là! Le bon Dieu leur avait donné des facultés ; ils les déprofitent pour
paraître, pour aller dans le monde avec ostentation, pour donner eux-
mêmes des soirées, des concerts, où l'on prend la taille des femmes, quand
elles ont une taille à prendre! Ah! Messieurs les artistes modernes, le bon
Dieu n'est pas content de vous, pas content du tout, ah! mais non!...
Comment! il vous montre dans la nature les plus belles choses à voir et à
rendre, et vous les altérez, vous les gâtez! Eh bien, mes petits amis, Dieu,
pour vous punir, fait de votre cœur un cœur de liège. Dieu vous livrait les
plus beaux carambolages, vous les manquez ; il ne vous les livrera plus. »
— « Allons, dit Corot au pont d'Iéna, payons nos dettes ; le code de com-
merce l'exige. Renvoyons le carrosse ; plus de collignon, plus de cocher
brigand ; et vingt-six sous de pourboire qu'il leur faut! Les pièces de dix
sous ne valent plus rien... Marchons! » — D'abord, nous nous trouvâmes,
je ne sais comment, au milieu des canons Whitford, assiégés par la curiosité des Anglais. « Ah! Goddam », fit Corot, imitant l'accent des Anglais
à faire pouffer de rire, « voici les inventeurs de ces jolies choses! C'est-il
gentil! c'est-il gentil! » Puis, tout à coup, horrifié par tous ces engins de
guerre, par ces boulets ronds et ces boulets coniques, pitance future de ces

énormes gueules rayées, « Est-il possible, dit-il, d'exposer ces affreuses machines en même temps et dans le même lieu que nos paysages et nos petits moutons? Le monde est fou... et atroce. Et voyez, les inventeurs ont l'air enchantés! Mon Dieu, que veulent-ils faire de ça? » - - « Trouer vos paysages et tuer vos petits moutons. » — Devant l'obélisque d'or de l'Australie : « Méprisons la fortune, dit Corot; laissons les millions et ce lingot monstre pour les jouissances de l'art! » — A la vue d'une petite cathédrale de bobines de coton omnicolore de Manchester : « Ah ! la belle fabrique à mettre au fond de mes paysages ! » — Nous entrions dans la section des tableaux français. « Oh ! oh ! murmura-t-il en faisant de l'œil sans s'arrêter à quelques tableaux d'histoire, voilà des peintres qui ont besoin de beaucoup de couleur. C'est qu'ils veulent terrasser Paul Véronèse. Ça les fatigue, à la fin, la réputation de Paul Véronèse. Il y a trop longtemps qu'elle dure. Ils veulent absolument le terrasser. »

> « Arrêtons-nous ici : l'aspect de ces montagnes
> D'amour et de plaisir fait tressaillir mon cœur »,

chantonna Corot à mon oreille. Nous étions arrivés, en effet, à ses tableaux : *Saint Sébastien secouru par les saintes femmes* ; *Macbeth et les Sorcières*; *Le Matin (Souvenir de Ville-d'Avray)*; *La Toilette*; *Pierrefonds* et *Le Soir (Souvenir d'Italie)*, où le village de Genzano se mire dans le lac Nemi. « Moi, je n'ai pas autant de couleurs que ça. Il est vrai que je ne fais pas des tableaux d'histoire ; il me faudrait d'abord en avoir la bosse. Je ne fais que de petites choses. Pardon! j'ai fait le *Baptême du Christ*, de Saint-Nicolas-du-Chardonnet ». — Le *Saint Sébastien*, pris, repris depuis 1855, nous parut d'un style grandi et d'une expression plus profonde. Le ciel s'était ouvert, les arbres avaient changé de forme et de place. L'escarpement du paysage retardait la montée des cavaliers romains et laissait plus de temps à ces bonnes dames pour étancher les blessures du martyr. — Devant son *Macbeth*, Corot se répandit en remarques sensées, familières, plaisantes et tristes, sur Shakespeare, avec une pantomime pleine de bonhomie, de malice et de précaution. Macbeth, Banquo et leurs officiers viennent, par un bois rocheux et raviné, à la bruyère où les sorcières crient : Vive Macbeth ! un jour tu seras roi ! La tempête déchaînée par les trois sœurs perverses (weyward sisters) est encore sensible à un reste de nuages fulgurants, à l'entrefroissement prolongé des chênes. Maîtresses des vents à tous les points du compas des marins et munies du pouce d'un pilote péri, les sorcières ont

fait, fait, fait une tempête comme Corot ne la pouvait peindre, quoiqu'il
ait de belles trouées dans ses arbres et de belles incandescences dans son
ciel. — « Laissons, dit-il, ces vieilles filles qui viennent tracasser le général
Macbeth et qui l'ont perdu ! — Dans le rayonnement et l'évaporation de
mon *Matin*, j'ai peint, ajouta-t-il, non pas le soleil, mais ses effets. J'aime
mieux mes gouttes de rosée que l'obélisque-lingot d'or de l'Australie. Et
mon *Soir*, je l'aime-t-il ! je l'aime-t-il ! Est-il d'une fermeté celui-ci ! Et
celui-là ! (*la Toilette*). Voyez un peu comme ils s'en donnent, de la campagne, ces pauvres enfants ! »

Au moment de nous quitter, Corot reprit : « Il faut aller aux champs et
non pas aux tableaux. La Muse est dans les bois : elle veut le silence ; elle
n'habite plus le quartier Poissonnière. Laissons à présent les concerts du
Conservatoire pour le chant des oiseaux ! Voilà plus de six mois que
je cherche péniblement des branches dans mon atelier. J'ai besoin des
branches naturelles. Je veux savoir comment les feuilles des saules se tiennent
dans l'air. Je vais partir pour la campagne. Quand, au mois de juillet, je
vais fourrer le nez dans un bouquet de noisetiers, je n'ai pas plus de quinze
ans. C'est bon, ça ; ça sent l'amour !... L'amour, tais-toi, vieux podagre !
Fais préparer ton convoi... Allons, cher enfant, bonsoir ! au plaisir de vous
revoir. »

C'est à Coubron, près de Montfermeil, chez une vieille amie,
Mme Gratiot, que Corot s'en fut faire l'école buissonnière. Mais
le mois de juin fut pluvieux : mauvais temps pour les douleurs.
Il s'en plaint dans sa correspondance avec La Rochenoire
(30 juin 1867) : « Le temps qu'il fait ne m'a pas soulagé. Espérons
que le beau temps va revenir. J'ai travaillé un peu d'après
nature ; ce ne sont pas encore des chefs-d'œuvre. Espérons. » Il
écrit, le même jour, à Dumax : « Je travaille un peu dehors,
seulement quand le temps le permet : ce qui est rare jusqu'à
présent. Je travaille dans l'intérieur. Le temps n'a pas été favo-
rable pour les douleurs... Je ne suis pas encore bien allant. »
Malgré tout, il fait le projet d'aller à Marcoussis, et il précise :
« Ce sera le 16 août au lieu du 10. » Il demeure toujours ponc-
tuel. Et, en effet, le 18 août, il date de Marcoussis un billet à

Alfred Robaut qui, de Cayeux où il est en villégiature, l'a invité à accepter un gîte sous son toit. Corot lui répond : « Quoique je ne sois pas mal, je suis encore forcé de renoncer à faire des voyages un peu longs; il me faut vivre encore en retraite et silence. Je suis bien malheureux; j'aurais été si content de me retrouver en famille sur le bord de la mer. » Ville-d'Avray convient à sa santé éprouvée. C'est sur les bords de son cher étang qu'il promène sa convalescence pendant le reste de la saison. Nous devons à cette retraite forcée un de ses tableaux du Salon de 1868, le *Matin à Ville-d'Avray (Fig. 197)*, exposé en même temps qu'un *Soir* avec des vaches traversant un gué *(Fig. 202)*.

Corot avait toujours vécu en dehors des coteries. Le jury de l'Exposition Universelle ne le compta pas parmi ses membres. Comme les absents ont toujours tort, on ne lui décerna qu'une récompense inférieure à celle qu'il avait obtenue douze ans auparavant : une médaille de 2ᵉ classe, tandis que Cabanel, Gérôme, Meissonier et Théodore Rousseau recevaient chacun un grand prix et que des médailles de 1ʳᵉ classe étaient attribuées à Bida, Jules Breton, Daubigny, Français, Fromentin, J.-F. Millet, Pils et Robert-Fleury. A ce déni de justice ne furent pas pas étrangers l'antagonisme inavoué, mais réel, des peintres de Barbizon, que Rousseau eut l'honneur de représenter en cette occasion parmi les jurés, et aussi la mollesse de Français qui, appelé à siéger en cet aréopage, paraît ne s'être guère plus soucié qu'en 1855 de rendre à son illustre maître et ami l'hommage que son génie réclamait. Heureusement, l'Empereur se chargea de corriger, dans une certaine mesure, l'aveuglement ou la partialité du jury. Il donna à Corot la croix d'officier de la Légion d'honneur; et cette promotion fut en même temps une juste réparation d'un trop long oubli : Corot n'était-il pas chevalier depuis vingt-deux ans ? La distinction le rendit heu-

Fig. 209. — La marguerite, vers 1865 ou 1870.

Fig. 210. — La vanne, à Essoyes, vers 1868 ou 1870.

Fig. 211. — Mariette. vers 1865 ou 1870.

Fig. 212. — Liseuse. Salon de 1869.

Fig. 213. — Le paladin, vers 1865 ou 1870.

Fig. 214. — Le moine. vers 1865.

Fig. 215. — Don Quichotte. Panneau décoratif
peint à Auvers, chez Daubigny, vers 1865.

reux. Il ne témoigna aucun dépit de la longue attente imposée à son mérite. A un ami qui trouvait la récompense bien tardive il répondait avec bonhomie : « Il est vrai, c'est un peu tard ; mais, comme on dit, vaut mieux tard que jamais. » Et il ajoutait : « Enfin, j'ai été bien content et, ce qui a augmenté ma joie, ce sont les témoignages de sympathie qui m'ont été donnés ; voilà la vraie récompense[1]. » Il n'avait fait aucune démarche pour obtenir cette rosette. « Toute distinction qu'il faut solliciter ne me tente pas, disait-il un jour ; si l'on veut m'en donner, on sait bien où me trouver : mais, pour les démarches, je n'en suis pas. » D'après Dumesnil, qui rapporte ce propos[1], Barye eut l'idée, à cette époque-là, de pousser Corot vers l'Institut. Mais Corot, pressenti, répondit que ce n'était point son affaire et qu'on ne le verrait jamais dans les antichambres des Académiciens.

C'est à son corps défendant qu'il parut aux « soirées du Louvre ». Il avait juré qu'il ne mettrait point les pieds chez le surintendant, qui persistait à nier son talent et disait de lui : « C'est un malheureux qui promène sur la toile une éponge qu'il a trempée dans la boue [2] . » Mais il avait compté sans ses amis. Un beau matin, Daubigny et La Rochenoire lui apprirent que Nieuwerkerke, déterminé par eux, voulait venir le voir. On prit jour. Mais une fatalité fit oublier à Corot le rendez-vous ; le personnage trouva porte close. Pouvait-il, après cela, persister dans son attitude ? Une visite d'excuses s'imposait. Et puis, du moment que « le patron, suivant son expression, s'était dérangé pour son ouvrier », le devoir de celui-ci était de ne point demeurer en retard. Nonobstant, il fut rare aux vendredis du comte.

Après six mois de soins, la santé est revenue. Au printemps de 1868, l'intrépide voyageur reprend la clef des champs. Daubigny, qui est à présent propriétaire à Auvers, le reçoit à son

----

(1) Lettre à H. Dumesnil, 15 juillet 1867.
(2) Entendu par Frédéric Henriet.

foyer, que fréquentent en voisins, de Valmondois où ils passent la belle saison, les camarades du quai d'Anjou : Boulard, Geoffroy-Dechaume, Daumier. Ce dernier a esquissé sur le mur vierge de l'atelier un *Don Quichotte*, qui appelle un pendant. Corot l'exécute *(Fig. 215)* et, mis en verve, ne s'arrête qu'après avoir couvert, avec l'aide d'Oudinot et du jeune Karl Daubigny, toutes les parois capables d'inspirer un pinceau. Auvers n'a pas le privilège exclusif de retenir le convalescent. Nous le retrouvons, cette même année, à Coulommiers, chez son ami le notaire Preschez, et aussi à Essoyes (Aube) *(Fig. 210)*, nouveau poste occupé, comme percepteur, par son neveu Emile Corot. Cependant, le souci de ménager ses forces, éprouvées par la maladie, l'oblige à refuser d'autres invitations. Le 14 août, il écrit à Dumax pour s'excuser de ne pas aller chez lui, à Marcoussis. En 1869, Alfred Robaut ne réussit pas davantage à l'attirer dans le Nord; il se récuse. « Pour le voyage, il faut y renoncer, à mon grand regret. Il me faut maintenant du calme, du calme. Il m'est impossible d'être calme entouré de bons amis comme vous, qui me comblent de gentillesses. » C'est encore la même chose en 1870. La chaleur de l'été l'ayant « mis à bas », « Il m'est bien ordonné, dit-il, de rester tranquille et de me soigner. » Pour ce faire, il n'est mieux nulle part qu'à Ville-d'Avray et il y demeure longtemps chaque saison.

Il se plaît beaucoup également à Mantes. La maison de M. Robert est une de celles qu'il affectionne particulièrement depuis qu'il lui faut du calme et une vie régulière. L'atmosphère de cette demeure de magistrat de vieille roche l'enveloppe doucement. C'est un coin d'ancienne France bourgeoise au milieu du sourire agreste de la nature. Corot n'a qu'à descendre de sa chambre, la Seine à traverser, et il est dans la verdoyante île de Limay, en face du vieux pont, flanqué de la carcasse pittoresque des anciens moulins *(Fig. 178 et 199)*. Se retourne-t-il, les tours de la cathédrale surgissent de l'horizon et baignent dans le fleuve le reflet de leur aérienne dentelle. La féeric des heures se jouant dans le frissonnement des feuillages légers et dans l'ondoyante transparence des eaux multiplie à l'infini les motifs. A certains jours, une vague buée classique enveloppant le pont et ses paradoxales bicoques, le poète voit devant lui « le tombeau de Scipion ou de Démétrius ». En général pourtant, Mantes reste Mantes et suffit, sans travesti, à aiguillonner la flamme de son amant. Il en va de même pour Ville-d'Avray. Le *Souvenir (Fig. 203)* qu'il en rapporte pour le Salon de 1869 est dénué d'artifices. La nature n'a point fait toilette. Les nymphes qui se sont donné rendez-vous dans la clairière, en vue des villas, portent le bonnet des paysannes de Seine-et-Oise. Cela fleure le terroir.

A chaque nouvelle exposition, il se trouvait des gens pour accuser Corot de monotonie et pour lui reprocher de recommencer toujours le même tableau. A supposer qu'un démenti fût nécessaire, il le donna d'une façon péremptoire en ajoutant à son *Ville-d'Avray* une *Liseuse (Fig. 212)*. En dépit de sa modestie qui, respectueuse des conventions, affectait de ne pas franchir les limites de son domaine particulier, le paysagiste ne résistait pas au plaisir de marauder sur le terrain d'à côté. La semaine de modèle était sa récréation favorite. Il y conviait volontiers les petits amis : Lavieille, Oudinot, le jeune Badin. Les Italiennes de la rue Mouffetard alternaient dans la pose avec les coureuses d'ateliers de Montmartre. Beautés banales, charmes cent fois vulgarisés déjà, mais qui suffisaient à allumer l'étincelle du génie *(Fig. 205, 206, 209, 211, etc.)*. Le magicien les transfigurait. Il faisait couler un sang de déesse sous ces épidermes plébéiens. Ce n'était plus Mariette, Clémence ou Emma. C'était la Naïade, la Bacchante *(Fig. 198 et 207)* ou la Muse ; c'était la nymphe Eurydice *(Fig. 208)* et la prêtresse Velléda *(Fig. 204)*.

Dans cette famille sans pays et sans âge, les hommes paraient leur personnalité indécise de l'armure des paladins *(Fig. 213)* ou de la bure du moine *(Fig. 214)*. Mais, sous cette friperie, sous la défroque bigarrée des Italiennes, des Grecques et des Bohémiennes d'occasion, palpitait la plus vivante des humanités. Ces créatures étaient faites par l'artiste à son image : douces, tendres et rêveuses, occupées de fleurs et de musique. Corot laissait à d'autres les vaines poupées tirées à quatre épingles, dont la prunelle est sans feux. Son modèle pouvait bouger; il ne le gourmandait point. Les habituées de l'atelier en prenaient à leur aise; telle la petite Dobigny, devenue familière à la longue, qui babillait, chantait, riait, ne tenait pas en place. Un jour que quelqu'un critiquait devant lui ce sans-gêne. « Mais, c'est justement cette mobilité que j'aime en elle, fit le maître. Moi, je ne suis pas de ces spécialistes qui font le morceau. Mon but, c'est d'exprimer la vie. Il me faut un modèle qui remue. » Le public, qui n'était pas accoutumé à cette manière de faire et qui n'aime pas être contrarié dans ses habitudes, narguait toujours les figures de Corot. De rares marchands, tels que Martin, Beugniet, Brame ou Tempelaere, en comprenaient la beauté, les lui achetaient et s'efforçaient de les répandre parmi les amateurs. Il leur savait gré de cette clairvoyance et les leur cédait à vil prix, trop heureux de se sentir compris. N'avait-il pas entendu, à son propre foyer, une péronelle en rire et s'écrier : « Ah ! mon Dieu, où allez-vous chercher de pareils singes ? » Des singes, ces créatures sorties du fond de son âme ? Son cœur blessé protestait. Vainement un troupeau de moutons de Panurge bêlait des acclamations devant ses paysages. Vainement on couvrait d'or ses traditionnelles matinées et ses crépuscules classiques. A quoi bon gagner cent mille francs par an pour s'entendre bafouer dans les enfants de ses entrailles ?

## XI

## LE SALON DE 1870.
## LA GUERRE ET LA COMMUNE.
## DOUAI ET ARLEUX-DU-NORD.
## CAUSERIES ET SOUVENIRS.

« J'ai dit à la santé : « Viens, petite, viens » et, comme une
bonne fille, elle est revenue .» Ainsi plaisantait Corot, heureux
de se sentir dispos et vaillant pour le travail. Il préparait ses
tableaux pour le Salon de 1870 : un nouveau *Ville-d'Avray (Fig.
217)* et une *Danse de Nymphes (Fig. 216)*. Cependant, à l'heure
même où l'horizon de la patrie s'assombrissait, la guerre éclatait
dans le camp des artistes. Les élections pour le jury furent
l'occasion d'une bataille en règle. Des mécontents avaient
présenté au Ministre des Beaux-Arts, le 8 février 1870, un « projet
de constitution des Expositions artistiques », d'après lequel
« tous les artistes ayant déjà exposé seraient dorénavant admis
de droit ». Les promoteurs de cette réforme avaient à leur tête
La Rochenoire, qui obtint l'adhésion de Corot et de Daubigny.
L'un et l'autre signèrent, en qualité de membres du Comité
que leur ami présidait, le factum en question. En même temps,
leur nom figura sur une liste de candidats au jury décidés à en
appliquer le programme.

Cette liste de combat, que Manet appelait « notre liste [1] » était la suivante :

<table>
<tr><td>Bonvin.</td><td>Gautier (Amand).</td></tr>
<tr><td>Corot.</td><td>Hédouin (Ed).</td></tr>
<tr><td>Chaplin.</td><td>La Rochenoire.</td></tr>
<tr><td>Courbet.</td><td>Leleux (Adolphe).</td></tr>
<tr><td>Chintreuil.</td><td>Manet.</td></tr>
<tr><td>Daubigny (Ch).</td><td>Millet (J.-F).</td></tr>
<tr><td>Daumier.</td><td>Ribot (T).</td></tr>
<tr><td>Dumaresq (Armand).</td><td>Vollon.</td></tr>
<tr><td>Frère (Ed).</td><td>Ziem.</td></tr>
</table>

Le nom de Corot, comme ceux de Daubigny et de Millet, figurait en même temps sur les listes adverses. Daubigny fut élu le premier, Corot le deuxième, Millet le sixième et Ziem le dix-huitième ; le reste de la liste des novateurs demeura sur le carreau.

La correspondance de Corot avec La Rochenoire contient un billet qui prouve que le maître n'épousait pas sans réserves le parti dans lequel il s'était laissé enrôler. Manet ne lui plaisait guère. Il écrit (20 mars 1870) : « Je pensais à Isabey au lieu de Manet. » Un heureux hasard a fait tomber entre nos mains le brouillon de son bulletin de vote. C'est la liste de La Rochenoire, sur laquelle il a rayé cinq noms pour les remplacer par d'autres. Il a biffé d'abord le sien. « Sur ma liste, je ne puis mettre mon nom [2] », disait-il. Puis, il a supprimé Amand Gautier, Hédouin, Ribot et... Manet. Il les a remplacés par Isabey, Cabat, Pils, Bonnat et... Puvis de Chavannes. Ce document, un peu déconcertant, prouve que les révolutionnaires n'avaient pas en lui un allié sans arrière-pensée. Il entrait sans doute pas mal de complaisance dans son adhésion à leur manifeste et à leur

(1) Lettre de Manet à La Rochenoire, du 20 mars 1870.
(2) Lettre à La Rochenoire, du 20 mars 1870.

campagne. D'ailleurs, malgré la démonstration sympathique dont il avait été l'objet, Daubigny et lui donnèrent leur démission de jurés.

La déclaration des hostilités contre l'Allemagne bouleversa profondément l'âme placide de Corot. L'homme, qui venait de voter le plébiscite par amour de la tranquillité et de la paix, maudissait la guerre et ses violences. Tandis que le canon tonnait à la frontière et que l'écho des sinistres grondements attristait les campagnes de France, il se cloîtra auprès de sa sœur à Ville-d'Avray et se boucha les oreilles.

La Rochenoire l'ayant invité à venir travailler auprès de lui à Sainte-Adresse, il lui répondait, le 23 août, la lettre que voici :

> Mon cher ami,
>
> Ce serait avec plaisir que je me rendrais à votre bonne invitation. Mais il est bien pénible, en ce moment, d'abandonner tous les siens. J'attends donc que des événements plus favorables me permettent de respirer et recouvrer cette liberté si chère. C'est bien vrai que ce serait bon d'étudier ensemble cette nature qui, elle, se fiche pas mal des folies des hommes.
>
> Tout à vous de cœur.
>
> C. Corot.
>
> J'embrasse bien ces dames.

Quand la France fut envahie et Paris menacé, le frère et la sœur se séparèrent. Mme Sennegon, qui n'avait plus son mari [1], quitta Ville-d'Avray et s'en fut à Marseille, auprès d'un de ses fils. Corot, lui, réintégra l'atelier de la rue Paradis-Poissonnière à l'heure où les portes de la ville se fermaient. De lugubres pensées traversèrent alors son esprit. La vision de la patrie saccagée, de Paris incendié peuplait ses rêves. Il en traduisait l'horreur, un matin, au réveil, dans une esquisse fiévreusement jetée sur la toile.

On le vit, dans un accès de patriotisme vengeur, acheter un

[1] M. Sennegon était décédé le 30 janvier 1865.

fusil et il parla d'aller, malgré ses soixante-quatorze ans, monter la garde aux remparts. Mais il avait mieux à faire. Sa peinture était une mine d'or. Il battit monnaie avec acharnement au profit de toutes les infortunes que le malheur des temps avait accumulées sur le pavé de la capitale. Il donna beaucoup aux ambulances. Un jour, il fit tenir une grosse somme au maire de son arrondissement et son envoi était accompagné de ces mots touchants : « Je consacre cet argent à la confection des canons nécessaires pour chasser les Prussiens des bois de Ville-d'Avray. » De cette façon, il se débarrassa des cauchemars obsédants et récupéra la sérénité de son labeur.

Voici en quels termes il écrivait, sur la fin du siège, à La Rochenoire, réfugié, ainsi que Daubigny, à Londres :

Paris, ce 14 février 1871

Mon cher ami,

Combien je vous remercie de votre bon souvenir et de votre sollicitude sur notre sort de cet hiver. Oh ! oui, nous avons bien souffert. La santé est bonne. J'espère, comme vous, que nous pourrons nous revoir bientôt et nous embrasser. On s'occupe donc d'exposition de tableaux là-bas ? Pourquoi, à 7 heures de distance, deux pays sont-ils traités si différemment ? Oui, c'est à quoi je ne puis rien comprendre. Seulement, je vous dirai, pour calmer vos inquiétudes, que je n'ai jamais été si entrain de travailler. J'ai produit cet hiver plus que d'habitude. Je pense que l'infortune m'a obligé de me réfugier sous la voûte du ciel et les ombrages épais, et me placer le mieux possible pour assister aux concerts des oiseaux. Auprès de cela, de ces quiétudes, que sont les petites tempêtes indurables que fabriquent les hommes ? Vivent les pluies d'étoiles du mois de juillet et les jolies fleurettes dans les prés !

Vous me faites bien plaisir de m'annoncer vos bonnes santés à tous trois, et aussi de la famille Daubigny. Il paraît que ma peinture s'acclimate en Angleterre : vive la joie !

Audry et tous les amis vont bien.

Tout à vous.

C. Corot.

Embrassez vos dames.

Fig. 216. — Nymphes et faunes. Salon de 1870.

Fig. 217. — Ville-d'Avray. Salon de 1870.

Fig. 218. — Le beffroi de Douai, 1871.

Fig. 219. — Ville-d'Avray. Salon de 1872.

Fig. 220. — Près Arras. Salon de 1872.

Fig. 221. — Corot à Douai, 26 mai 1871.

Fig. 222. — Séraphine. Arleux, 1871.

Fig. 223. — Corot à Arras, dans l'atelier de Dutilleux.
Peinture par Ch. Desavary, 1871.

Corot partagea les illusions patriotiques des organisateurs
de la souscription pour « la libération du territoire ». Il envoya
spontanément dix billets de mille francs. Hélas, le projet avorta ;
mais il refusa de reprendre l'argent qu'il avait versé, et il dit :
« Ça sera pour les pauvres. » Sur ces entrefaites, dans Paris
encore sous l'œil de l'étranger vainqueur, la guerre civile éclatait.
Malgré la tristesse de ce spectacle, Corot n'était pas disposé à
fuir. L'affectueuse sollicitude d'Alfred Robaut, venu pour le
voir le 18 mars, le décida à partir. Il se mit en route pour le Nord
le 1ᵉʳ avril et y séjourna pendant toute la durée de la Commune : à Arras d'abord, dans la maison de son ami Dutilleux,
occupée par sa veuve et son gendre Desavary *(Fig. 223)*; puis à
Douai, chez M. et Mᵐᵉ Robaut *(Fig 221)*. Les angoisses de son
cœur, affecté par les douloureuses nouvelles qui arrivaient de
Paris, n'arrêtèrent pas le travailleur. Il peignit notamment une
*Vue du beffroi de Douai (Fig. 218)*, à laquelle il ne faisait que
rendre justice quand il disait, sur le ton de la plaisanterie, dans
une lettre à Desavary (8 mai 1871) : « Je mets la dernière main au
*Beffroi de Douai*, œuvre splendide. » C'est une merveille de
consciencieuse application, sur laquelle il a passé une vingtaine
de séances et qui témoigne de l'humble respect pour la vérité dont
il fit preuve jusqu'au bout, quand la nature lui servait de modèle,
en dépit de la facilité créatrice que l'exercice avait développée
en lui. Le soir, à la veillée, l'imagination se donnait carrière ; le
lithographe qui l'hébergeait ayant mis entre ses doigts un
crayon gras, il traça alors sur le papier autographique de charmantes compositions, que Robaut prit soin d'éditer *(Fig. 225)*.

Cependant, dès que la lutte fratricide eut prit fin, il n'y tint
plus. Il voulait revoir Paris, sa famille et son cher Ville-d'Avray,
si éprouvé pendant ces jours de malheur. Ses hôtes l'accom-
pagnèrent, puis le ramenèrent avec eux de nouveau. Ils avaient
loué à son intention une maisonnette à Arleux du Nord, à

proximité de sites qui lui plaisaient. Corot y demeura jusqu'à la fin de juillet. Il quitta alors ses amis pour aller embrasser sa sœur, retour de Marseille après dix mois d'absence. Le 28 juillet, il était à Paris pour lui souhaiter sa fête, et il l'emmenait à Ville-d'Avray. C'est de là que, le 3 août, il donnait de ses nouvelles à M<sup>me</sup> Dutilleux, avec une gaîté et un enjouement juvéniles.

Madame et amie,

Je sors mes lunettes avec rapidité pour vous écrire que nous sommes installés, ma sœur et moi. La maison est nettoyée et les traces prussiennes ont disparu. Ma sœur est en assez bonne santé. Elle m'a chargé de vous faire ses compliments ainsi qu'à toute la famille. J'ai commencé des études à Ville-d'Avray. J'ai retrouvé des études. Je n'ai plus ces jolis marais d'Arleux-Palluel. Je pense que vous passez de jolis moments dans ces jolis bateaux et jolis bois du pont de Palluel et les jolis bois d'Oisy. Je me suis bien amusé là-bas : je pense que vous en faites tous autant, pour ne pas en perdre l'habitude, et que Madame Marie aura retrouvé du calme, du repos, et alors la santé. Je fais des prières pour que tout ça se réalise.

Pêchez aussi de belles anguilles
    sauce moutarde.
Et, au premier repas, je vous prie, buvez à la santé
    du pauvre petit nègre,
    votre nourrisson
    pendant la Commune.
J'ai l'air d'écrire en vers.

Embrassez bien pour moi M. et Mme Alfred, Mme Marie et Léontine. Mes amités à Charles et à M. et Mme Seiter, à Paul et à sa femme, et Monsieur Pocher quand vous les verrez.

Recevez, Madame et amie, l'assurance de mon amitié.

C. Corot.

Nouveaux remerciements pour tous vos bons soins.

Les études que j'ai rapportées ont été goûtées et prises presque toutes.

Pendant son séjour à Arleux, Corot avait été un instant repris de ses douleurs et la crise avait été assez violente pour inquiéter son entourage. C'est qu'il ne se ménageait pas. Il

bravait les intempéries et l'humidité des marécages. Impossible
de l'obliger à prendre des précautions. Une fois que son ami
Robaut avait imaginé de fabriquer un petit plancher pour qu'il
pût peindre à pied sec, il faisait la moue et se débarrassait d'un
engin qui troublait ses habitudes.

Il narguait la vieillesse et, pour se délasser du travail, jouait
et gambadait comme un enfant ; à six heures du matin, c'est lui
qui réveillait la maison. « Eh bien, la patronne, on dort
encore ? — Comment, déjà levé, M. Corot ? — Certes, et le petit
papa ne regrette pas d'avoir ouvert l'œil de bonne heure. Car,
en vous attendant, Madame, il avait pour compagnon un
fameux livre ! » — Ce « fameux livre », c'était le *Manuel
d'Épictète*. Il en lisait quelques pages chaque soir, avant de
fermer l'œil, et le reprenait au réveil. Un autre volume partageait ses faveurs avec celui-ci : l'*Imitation de Jésus-Christ*. Il
en parlait avec une admiration sans bornes et disait : « C'est
mon bréviaire. » Ces deux monuments de la sagesse antique et
de la résignation chrétienne ne quittaient pas son chevet ; ce
sont eux qu'il faut reconnaître, sous la touche du peintre, dans
une pochade où, derrière un petit modèle bizarrement affublé
par lui de son propre gilet, on voit un coin de son lit et les objets
familiers qui l'environnaient *(Fig. 222)*.

Ces lectures sérieuses n'assombrissaient point son humeur.
On l'entendait chanter du matin au soir ; son entrain émerveil-
lait les indigènes qui suivaient de l'œil ses allées et venues à
travers les champs. L'un d'eux, un jour, se permit d'approcher
et d'entamer la conversation. C'était un meunier, dont le moulin avait arrêté l'artiste, qui tournait autour en cherchant son
poste. Fier que son domaine eût été distingué, le bonhomme
commença par proclamer avec satisfaction : « Ah ! c'est un beau
point de vue que notre moulin ! » Il savait vaguement que le
personnage auquel il s'adressait n'était pas le premier venu dans

sa partie. Mais sa curiosité voulut préciser : « On dit que vous êtes M. Corot, interrogea-t-il... C'est-y que vous êtes le grand Corot dont parlent les journaux ? » Cette apostrophe réjouit beaucoup Corot, qui la répéta à ses amis. Mais, ayant flairé un importun, il prit congé de son homme et lui fit comprendre qu'il « préférait faire ses petites farces tout seul ».

Le soir, avant d'aller se coucher, on jouait en famille au loto ou au trente-et-un. L'aimable vieillard animait le jeu et faisait cent folies. On lui eût donné vingt ans ! Et quel caractère facile ! Rien ne contrarie un paysagiste comme les caprices d'une atmosphère changeante ; la pluie est son ennemie jurée. Corot s'accommodait de toutes les traverses. Des giboulées venaient-elles à l'encontre de ses projets, il se consolait en disant : « C'est un bon temps pour les paysans », ou bien encore : « C'est après la pluie qu'on a les plus beaux ciels. » Son optimisme ne défaillait jamais. Il se plaisait à des remarques comme celle-ci : « On aurait tort de se décourager lorsqu'on fait deux ou trois études médiocres. C'est la préparation de la bonne, qui profite, sans qu'on s'en doute, de ce labeur en apparence stérile. » Il n'était pas jusqu'à la souffrance physique qui ne lui inspirât des propos stoïques. Le pincement d'un rhumatisme lui faisait-il faire la grimace, vous l'entendiez en déduire avec résignation : « La douleur est une bonne chose, car elle nous apprend à apprécier la santé. »

Il n'était rien moins qu'un esprit fort. Le dimanche, toute besogne cessante, il faisait toilette et assistait à la grand'messe. La simplicité de son cœur s'accommodait de la religion de nos pères, dont le merveilleux plaisait au poète. Il n'était pas rare de trouver sous sa plume des expressions comme celle-ci : « Si je fais quelque chose de bon, c'est que le Seigneur aura envoyé un petit ange[1]. » Ce n'est pas lui qui aurait plaisanté, à la façon

(1) Lettre à La Rochenoire, d'Arleux, 24 juin 1871.

de Courbet, ces poétiques créatures que l'homme a douées suffi-
samment de matérialité pour les rapprocher de lui-même, mais
que le paradoxe de leur légèreté ailée rejette sur le domaine du
mystère. Les « petits anges » étaient chez eux, comme les petits
oiseaux, dans le frissonnement de ses nuages et de ses branches. Descendus sur la terre, ils s'appelaient des amours et se
mêlaient aux jeux des nymphes ; mais, pour avoir troqué leur
caractère sacré contre une grâce profane, ils n'en demeuraient
pas moins les intermédiaires poétiques entre les contingences
de la réalité et l'inconnu qui nous entoure, insondable abîme
que la courte vue de notre esprit s'efforce en vain de péné-
trer.

Petits anges et petits amours ne sont pas amis des coups de
canon. C'est pourquoi Corot haïssait la guerre. Au lendemain
de l'année terrible, il eut l'idée de faire un tableau symbolique
pour flétrir la folie meurtrière des conquérants. Il ne donna pas
suite à ce projet ; mais, à tout propos, il répétait son horreur du
sang versé et des ruines accumulées par la sottise des hommes.
Il proférait des boutades comme celle-ci : « Si j'étais roi ou
empereur et que j'eusse, à ma porte, une garde de soldats, je
m'en débarrasserais au plus vite ; et si je me connaissais des
ennemis, c'est à eux que je ferais ce joli cadeau[1]. »

Depuis le mois de juin 1870, son neveu Emile Corot avait
encore une fois changé de perception. Son nouveau poste était
Méry-sur-Seine (Aube). Corot s'en fut l'y voir après la guerre.
L'endroit lui agréa et lui suggéra plusieurs jolies études. Une
dame du pays, qui faisait un peu de peinture, admise à travailler
auprès de lui et à l'entendre discourir[2], a eu l'heureuse inspiration d'écrire au jour le jour les causeries de son illustre
compagnon. Ces précieuses notes, où la physionomie du lan-

---

(1) Conversation avec Alfred Robaut, 2 décembre 1871.
(2) Mme Aviat.

gage courant, dans son abandon et son naturel, a été scrupu-
leusement conservée, Fernand Corot, le fils du percepteur, qui
en gardait une copie, a bien voulu nous les communiquer;
nous les transcrivons textuellement.

SOUVENIR DE MES BONNES ET INTÉRESSANTES CAUSERIES AVEC M. COROT.

— Conscience et confiance : devise de Corot.

— Il faut d'abord bien sentir son sujet; puis, quand on l'a bien vu, bien
compris, faites : et alors, confiance.

— Je prie tous les jours le bon Dieu qu'il me rende enfant, c'est-à-dire
qu'il me fasse voir la nature et la rendre comme un enfant, sans parti- pris.

— La nature avant tout.

— On gagne toujours à copier la nature. Et quand je ne gagnerais à
la copier que long comme un centimètre, je me dérangerais toujours pour
aller la chercher.

— Il y a des peintres qui, après avoir produit des chefs-d'œuvre,
avoir reçu des récompenses et être arrivés au faîte des honneurs, s'arrêtent (1), les uns pour ne pas ternir leur réputation, les autres pour que
leurs œuvres conservent une valeur plus grande, un prix plus élevé. Moi,
je travaillerai quand même : on se doit à l'art et à ceux qui ont récompensé
votre travail, votre mérite. On dira bien : « Le père Corot baisse ! » Eh
bien, si je fane, tant pis ! Il faut montrer à la jeunesse combien il faut se
raidir et se tenir sur ses gardes pour ne pas tomber.

— Je cherche toujours à voir tout de suite l'effet; je fais comme un
enfant qui gonfle une bulle de savon. Elle est toute petite, mais elle est déjà
sphérique : puis il gonfle tout doucement jusqu'à ce qu'il ait la crainte
qu'elle n'éclate. De même, je travaille dans toutes les parties de mon
tableau à la fois, en perfectionnant tout doucement, jusqu'à ce que je
trouve l'effet complet.

— Je commence toujours par les ombres, et c'est logique ; car, comme
c'est ce qui vous frappe le plus, c'est aussi ce que l'on doit rendre
d'abord.

— Ce qu'il y a à voir en peinture, ou plutôt ce que je cherche, c'est
la forme, l'ensemble, la valeur des tons. La couleur pour moi vient après.
C'est comme une personne que l'on accueille. Parce qu'elle sera probe,

(1) Cabat (Note du manuscrit).

honnête, sans reproche, on la recevra sans crainte et même avec plaisir. Si elle a un mauvais caractère, son honnêteté la fera passer. Si maintenant elle a un bon caractère, ce sera un charme de plus dont on profitera ; mais ce n'était pas là le point essentiel. C'est pourquoi la couleur, pour moi, vient après : car j'aime avant tout l'ensemble, l'harmonie dans les tons ; tandis que la couleur vous donne quelquefois du heurté que je n'aime pas. C'est peut-être l'excès de ce principe qui fait que l'on dit que je fais souvent des tons plombés.

— Je n'accumule jamais mes revenus et, de peur d'inondation, je lâche tous les ans les écluses ; c'est-à-dire que, s'il me reste quelque chose, je fais une petite distribution à tous mes neveux, riches ou pauvres. Ceux qui sont riches achètent des schalls pour leur femme et ceux qui sont pauvres achètent du gigot et des jupons.

— Il y toujours dans un tableau un point lumineux ; mais il doit être unique. Vous pouvez le placer où vous voudrez : dans un nuage, dans la réflexion de l'eau ou dans un bonnet ; mais il ne doit y avoir qu'un seul ton de cette valeur.

— Je n'ai point de mérite à donner ; cela m'est toujours rendu. Un jour, je donne à un pauvre artiste de Lyon, que je connaissais à peine, 1.000 francs. Le même jour, j'avais un amateur pour un tableau, qui m'offrait 3.000 francs quand j'en voulais 4.000. Il se trouvait dans mon atelier et examinait ce tableau que je finissais. Deux autres amateurs arrivent et se promènent pour faire leur choix. Aussitôt, mon amateur me dit tout bas : « Vous savez, le tableau est à moi. » Et les deux autres m'en achètent chacun un de 1.000 francs. Voici donc 6.000 francs dans ma journée. Vous voyez bien que les 1.000 francs m'étaient largement rendus ; et c'est toujours ainsi.

— Un jour, mon ami Daubigny m'exprimait le désir d'aller entendre la symphonie en ut mineur, que l'on exécutait au Conservatoire. Comme j'avais une carte, je la lui offre, et le voilà parti. Moi, pendant ce temps, j'étais tout seul dans mon atelier et, comme j'avais déjà entendu cette symphonie, je me représentais Daubigny entrant ; il me semblait entendre les premiers accords ; je me disais : « Comme ce doit être joli en ce moment : comme Daubigny doit être content », et ainsi de suite. Par là-dessus, voilà Daubigny qui me remercie ! J'avais suivi la symphonie, et j'avais rendu un homme content. C'était plus que le sacrifice ne valait.

— J'ai toujours dans ma chambre un livre de l'*Imitation de Jésus-Christ* et j'en lis presque tous les soirs. C'est ce livre qui m'a aidé à passer la vie avec autant de calme et qui m'a toujours laissé avec le cœur content. Il m'a appris que les hommes ne doivent pas s'enorgueillir, qu'ils soient empereurs et qu'ils ajoutent à leur empire telle ou telle province, ou qu'ils soient peintres et qu'ils acquièrent un nom. Si l'homme est plus ou moins doué, je ne lui vois point de mérite. Il n'y a de glorieux qu'un Vincent de Paul et une sœur de charité. »

Après une courte fugue à Rouen à l'arrière-saison, Corot fut rentré à Paris, en 1871, pour la Toussaint, suivant son habitude. Les deux tableaux qu'il destinait au Salon de 1872 avaient été ébauchés, l'un sur nature à Ville-d'Avray *(Fig. 219)*, l'autre à Arras, dans l'atelier *(Fig. 220)*. Il les acheva pendant le cours de l'hiver. C'est à cette époque qu'Alfred Robaut, devenu Parisien, commençait à être admis familièrement rue Paradis-Poissonnière. Le maître lui ouvrait ses cartons, lui confiait ses carnets ; il se laissait interroger sans relâche par l'homme dont la besogne pieuse trouve ici son application. Il racontait son long apprentissage et son obstination laborieuse, que n'avaient découragée ni l'indifférence du public, ni le mépris d'une famille sourde à sa vocation. Il citait, par exemple, des traits de son père à son égard, qui l'avaient si profondément atteint que quarante années n'en avaient pas fait oublier la blessure. En ce temps-là, l'aveugle négociant tenait rigueur à son fils de se cramponner à une carrière qui ne nourrissait pas son homme. Un jour (c'était vers 1845 et Corot touchait à la cinquantaine), il le lui avait reproché de la façon la plus mortifiante. On traitait des amis à Ville-d'Avray. Le peintre, qui s'était attardé à sa besogne jusqu'à l'heure du dîner, avait gardé, pour paraître à table, ses souliers de travail. Son père le toisa de haut en s'écriant : « Quels gens que ces artistes ! » Et il ajouta cet affront : « Encore si leur peinture se vendait ! » Corot, rapportant cette parole [1], disait avec une fierté vengeresse : « Croiriez-vous que,

[1] Conversation avec Alfred Robaut, 2 décembre 1871.

lorsque je recevais sans broncher ce joli compliment, il y avait
vingt ans déjà que j'avais peint mon *Colisée?* » Et il continuait :
« Il faut savoir supporter bien des choses dans la vie. Moi, je
« me suis toujours proposé comme exemple le Christ : subir les
« épreuves et ne rien dire... Certes, il m'a fallu de l'énergie.
« Mais, après tout, cela vaut peut-être mieux que d'être adulé
« comme quelques-uns de mes camarades, les Benouville par
« exemple, dont la mère était en extase devant ses enfants. Ah !
« ce n'est pas à moi que l'on prodiguait des câlineries comme
« les siennes... Il est vrai que je n'avais point la coquetterie
« qu'il faut pour se faire bien venir. Ma mère, à moi, me disait :
« Mon Dieu, Camille, que tu es commun ! Comment ai-je pu
« faire un enfant comme celui-là !   Cependant, je ne perdais
« pas toujours contenance quand on me prenait à partie de la
« sorte. Par exemple, une fois que la pauvre femme me faisait je
« ne sais quelle réprimande, je redressai fièrement la tête et, le
« plus sérieusement possible, je lui dis : « Mais tu ne sais donc
« pas que, depuis le commencement du monde, il n'y a eu que
« trois sages sur la terre : Socrate, Jésus-Christ et... moi ! » Ça
« l'a déridée et nous nous sommes jetés dans les bras l'un de
« l'autre. »

Ainsi Corot contait sa vie. L'homme qui avait le bonheur
d'être pris pour confident écoutait de toutes ses oreilles et ne
laissait perdre aucune des paroles qu'il avait entendues.

XII

LABORIEUSE FIN DE CARRIÈRE.

TYRANNIE DU SUCCÈS. RICHESSE ET CHARITÉ.

ENTRETIENS SUR L'ART ET LA VIE.

(1872-1874)

Corot vivait dorénavant sous l'œil d'un homme qui couvait du regard son activité dévorante. Robaut épiait toutes ses productions, suivait ses allées et venues et ne laissait rien tomber dans l'oubli. Grâce au soin qu'il prenait de tout noter, nous possédons les éphémérides exactes de cette laborieuse fin de carrière. Nous savons qu'en 1872, il quitte Paris à la mi-avril ; que, du 15 au 27, il est à Beauvais et qu'il passe ensuite le mois de mai, du 1er au 20, à Ville-d'Avray. Du 20 au 28, il va dans les Ardennes, à Fumay. En juin, il séjourne à Coubron. Alfred Robaut le reçoit à Douai du 1er au 8 juillet ; son beau-frère Desavary, à Arras, du 8 au 12 *(Fig. 224)*. Le 11, dans la demeure amie de M. Bellon, au faubourg Saint-Nicolas, on fête sa verte vieillesse et son talent toujours jeune *(Fig. 226)* ; la musique et la poésie célèbrent le cinquantenaire de son labeur artistique ; Gustave Colin, qui se trouve là, fait appel à la muse pour chanter à la fois son art et sa bonté.

Corot suit M. Bellon à Rouen pendant une semaine, du 13

au 20 juillet. Robaut l'y accompagne. Il est témoin de sa joie
à la vue des lieux où s'est passée une partie de son enfance ;
il visite avec lui le lycée, sur les bancs duquel il a fait « ses
humanités » ; la mémoire du vieillard retrouve dans la cour,
pour la lui montrer, la place où on le mettait au piquet : c'est
derrière un contre-fort d'une vieille muraille ; en passant, il
essaie de s'y cacher ; mais, comme son embonpoint ne lui permet pas de s'y dissimuler tout à fait : « Ah ! fait-il en riant, dans
ce temps-là, on ne voyait pas le bedon ! » En traversant une
classe, il avise un tableau noir et, avec un bout de craie qui
traine, y trace une fleurette. Son compagnon l'ayant invité à
signer son croquis, de deux C dos à dos il forme un X et dit :
« Voici comment je signe sur un tableau de mathématiques. »
— Rouen a beaucoup changé depuis les temps lointains auxquels le septuagénaire se trouve reporté par cette visite. A parcourir la campagne, son plaisir est mélangé de fâcheuses
déceptions. Il cherche vainement certaines contrées sauvages,
certaines allées mystérieuses où, enfant, il cueillait des noisettes
et ramassait des champignons. La ville gourmande a dévoré la
campagne. Le promeneur doit aller chercher dorénavant bien
loin la poésie de la nature agreste. Corot la retrouve sur les
hauteurs de Canteleu et il s'arrête en vue de la riante vallée qui
se déroule dans la brume *(Fig. 230)*. Tandis qu'en attendant
l'heure propice à l'étude, il s'est étendu sur l'herbe et s'est
endormi, Robaut a sorti son crayon et surpris le cher dor-
meur dans son abandon. Cet amusant croquis, parvenu jusqu'à
nous *(Fig. 229)*, évoque, avec la vision d'une sieste de paysan,
la rustique simplicité des habitudes du vieil artiste. — Un autre
jour, les visiteurs ont porté leurs pas au cœur même de la ville
et se sont arrêtés dans la grand'salle du Palais de Justice. Corot,
assis sur un banc, regarde le majestueux édifice sans mot dire ;
tout d'un coup, une exclamation s'échappe de ses lèvres :

« Quel homme ! quel homme ! » Ce spectacle lui a remis en mémoire l'*Amende honorable* d'Eugène Delacroix, où l'artiste a donné pour cadre à une scène de *Melmoth* cet admirable vaisseau gothique ; et il oublie le monument lui-même pour ne songer qu'à la peinture qu'il a inspirée ; vue récemment à Paris dans les galeries Durand-Ruel, elle le hante en cet instant et lui arrache ce cri du cœur, d'autant plus intéressant à recueillir qu'il dénote une évolution complète dans les sentiments de Corot à l'égard d'un confrère longtemps incompris et méconnu par lui.

Corot quitte Rouen pour aller retrouver au bord de la mer ses confrères et amis Badin et Diéterle, qui l'accueillent tour à tour à Yport et à Criquebœuf, du 20 au 28 juillet. Il consacre, après cela, la première semaine d'août à Marcoussis et, le 8, il est rentré à Paris. Ce jour-là, il va faire une visite à Nanterre. Robaut est encore avec lui. Chemin faisant, il lui demande la permission d'expédier à Arras, pour les faire photographier, toutes les études de son atelier. L'entreprise n'est pas sans hasards. Celui qui ose la proposer ne le fait qu'en tremblant. Mais la magnanimité de Corot le rassure dès le premier mot. Certes, ils lui sont chers, ces petits carrés de toile qui lui rappellent toute une vie de labeur et de joie. Toutefois, il prend son parti en brave. Bien plus, il a le courage de dire : « Après tout, quand tout cela serait détruit, est-ce que cinq ou six cents Corots de moins dans le monde en changeraient la face ? »

Durant que Robaut déménage son atelier, il poursuit le cours de ses villégiatures. Le 9 août, il arrive à Port-Marly, au Parc des Lions *(Fig. 227 et 228)*. C'est ainsi que se nomme la maison de campagne de l'ancien agent de change Georges Rodrigues-Henriquez, qui s'adonne depuis quelques années à la peinture et qui a choisi Corot pour professeur. Lorsque Rodrigues est venu le trouver pour lui demander quelques conseils : « Volontiers, lui a-t-il répondu ; mais les théories ne valent pas la pratique, j'irai peindre devant vous à la campagne. » Le maître est devenu l'ami de son élève et de sa charmante famille, où petits et grands adorent « papa Corot » et témoignent à son égard d'une respectueuse familiarité. C'est une de ces bonnes familles bourgeoises où l'opulence se dissimule sous la simplicité des goûts et des habitudes. Le bonhomme trouve son compte à ce bien-être sans morgue. On sait que sa fourchette est bonne, mais que les complications d'une cuisine raffinée ne sont pas de son goût. On flatte son faible pour le traditionnel pot-au-feu garni de carottes. Des carottes ? La prévenance ingénieuse de Mme Rodrigues ne lui en a-t-elle pas procuré le régal en plein siège de Paris ? Malgré le confort qui l'entoure, il ne change rien à ses usages d'anachorète et part d'un éclat de rire quand on lui offre un nécessaire de voyage, à lui qui se rase sans glace et n'a jamais pu se servir d'un blaireau pour se savonner le menton. Les enfants du logis ont en lui un camarade toujours prêt à gaminer avec eux. Il fait des cocottes en papier avec les fillettes, et donne un prix à celle qui réussit la plus petite : un prix qui vaut la gageure, un tableautin peint exprès pour la gagnante, avec la gentille allusion d'une poulette picorant dans l'herbe (*Fig. 231*). Cette candeur enjouée du doux vieillard encourage un mouvement touchant de la part d'une sœur de charité apparue, un jour de distribution de prix, dans la salle à manger de Port-Marly, avec des couronnes en papier qu'elle apportait aux demoiselles de la maison. Après en avoir ceint les têtes enfantines, la bonne religieuse dépose le symbolique laurier sur les cheveux blancs de l'artiste. Manifestement touché de ce délicat hommage, Corot garda précieusement la petite couronne : lorsqu'il prit congé de ses hôtes, elle était dans sa valise et le suivit à Paris.

Parti de Port-Marly le 19 août, il est le 21 à Luzancy. Son

vieux camarade Remy est mort en 1869 ; mais la demeure de sa veuve le réclame quand même ; il séjourne auprès d'elle une huitaine de jours, butinant à droite et à gauche dans la vallée *(Fig. 234)*, en compagnie d'un jeune disciple dont la vocation est éclose sous ses pas. Alexandre Bouché, qui s'essaie au paysage sur sa terre natale, fait ses débuts auprès de ce maître qui donne à la jeunesse l'exemple d'une application acharnée et d'une ardeur inlassable. L'âge n'a point de prise sur ce tempérament de fer. Corot en jouit avec une certaine coquetterie. En passant par Paris, le 29, il donne de ses nouvelles à La Rochenoire en ces termes : « Je vais bien ; je travaille comme si j'avais 70 ans. »

Après une très courte halte à Paris, pendant laquelle, d'ailleurs, il a encore été voir un ami à Argenteuil (29 et 30 août), le 1er septembre, le voilà encore reparti. Il passe huit jours, du 1er au 7, à Fontainebleau, à l'hôtel de la Sirène, occupé tout le temps à travailler en forêt avec Comairas ; puis, du 8 au 21, il est, à Etretat, l'hôte de la famille Stumpf *(Fig. 233)*. Il rencontre sur la plage Henri Dumesnil, son commensal depuis nombre d'années aux dîners du café de Fleurus, qui rassemblent, le vendredi de chaque semaine, Barye, Aimé Millet, Français, Carolus Duran, Hanoteau, Matout et quelques littérateurs tels que Paul de Musset, Alphonse Leroy et Cantaloube. Dumesnil vient de bâtir sur la falaise une coquette villa ; il l'invite à y « manger la soupe ». Le lendemain, Corot envoie à son amphitryon, en guise de carte de visite, le portrait de sa maison. Telles sont les prévenances de son affection ; et aux remerciements qu'on lui adresse, il répond : « Oh ! c'est un simple mouvement du cœur. » Ces mouvements-là lui sont coutumiers. Il a rapporté de même autrefois d'Alise-Sainte-Reine, pour l'offrir à Aimé Millet, une vue de la colline que domine son *Vercingétorix*, peinte à son intention, dans un élan d'amicale tendresse. Dumesnil, qui n'est pas un ingrat, note ces traits, qui prennent place au nombre des souvenirs que sa plume enregistre au jour le jour pour la gloire de son illustre ami et qu'au lendemain de sa mort, il jettera sur sa tombe, comme un bouquet de fleurs parfumées.

Corot rentre à Paris de nouveau pour le 22 septembre. Un de ses clients, l'ancien acteur Surville, lui a demandé d'être, ce jour-là, le parrain de son enfant ; la marraine est Rosa Bonheur. Sa commère n'a pas trouvé le chemin de son cœur. Quand il en parle, il fait la grimace : « Non, dit-il [1], je n'aime pas cette femme qui s'habille en homme. Est-ce qu'on ne peut pas faire de la peinture et rester femme tout de même ? Voyez Mme Henriette Browne et Mlle Jacquemart. A la bonne heure ! — J'ai embrassé *la demoiselle* le jour de ce fameux baptême !... Eh bien, non... ce n'était pas ça... » Il goûte médiocrement, d'ailleurs, ce talent froidement masculin. Nulle sympathie artistique ne corrige son antipathie à l'égard de la personne elle-même. Ses relations avec elle datent de l'époque de son *Marché aux chevaux* : la première entrevue a jeté entre eux un froid irrémédiable. Car il n'a pas su dissimuler son sentiment et il a laissé entendre qu'il préférait l'esquisse au tableau. Cet aveu a plongé la jeune femme dans un tel désarroi qu'il s'est sauvé, après avoir tant bien que mal réparé sa bévue en se récusant comme juge d'un tableau de figures. Mais le mal était fait. On ne lui rendit pas sa visite.

Après le baptême en question, le frère court embrasser sa sœur à Ville-d'Avray (24 septembre), puis il repart, le 26, pour Mantes, où on le retient jusqu'au 7 octobre. Ce n'est pas tout. Un méridional, avec lequel il entretient des relations déjà anciennes et qu'il a fréquenté assez intimement pendant le

---

[1] Conversation avec Alfred Robaut, 19 novembre 1872.

Fig. 224. — Le bouleau. Arras, 1871.

Fig. 225. — La rencontre, 1871

Fig. 226. — Corot à Arras, 1871.

Fig. 227. — La bacchanale. Souvenir de Port-Marly, 1872.

Fig. 228. — Le parc des Lions, à Port-Marly, 1872.

Fig. 229. — Corot à Canteleu, 18 juillet 1872.

Fig. 230. — Rouen vu de Canteleu, 1872.

siège, un certain Stanislas Baron le guette pour l'entraîner dans
son pays, à Mont-de-Marsan. Après un court arrêt à Bordeaux,
les voyageurs arrivent sur les bords de la Midouze et la mère de
M. Baron offre à l'illustre compagnon de son fils une place à
son foyer. Corot y demeure plusieurs jours et y fait quelques
études. De Mont-de-Marsan, son guide le conduit, dans les
environs, au château de Passiance, chez M. de Rivière. Le châte-
lain se montre fort honoré de cette visite et toute la famille
rivalise d'empressement auprès de son hôte. La saison étant
devenue rigoureuse, il travaille les pieds sur une chaufferette
et si, d'aventure, la pluie contrarie sa séance, une gentille
demoiselle le garantit gracieusement de son parapluie. Puis, le
voyage se poursuit jusqu'à Biarritz, Saint-Jean-de-Luz, Irun,
Fontarabie, Pasages et Saint-Sébastien. Gustave Colin, fixé
désormais à Ciboure, près de Saint-Jean-de-Luz, lui fait les
honneurs de sa nouvelle patrie d'élection et Corot se laisse
conduire, couvrant son album de rapides croquis.

Mais le temps presse. Paris le réclame. Il y débarque le
27 octobre au soir. Dès le lendemain matin, Robaut le trouve
à son atelier, en train d'interpréter, sur une petite toile, un des
motifs aperçus à Saint-Jean-de-Luz, dans sa promenade avec
Colin. Il est frais et dispos ; sa mine ne trahit aucune fatigue des
douze heures de chemin de fer qu'il a subies la veille. Il est ravi
de son voyage, qui l'a délassé de l'incessante production à
laquelle le condamnent, à cette heure, les exigences des marchands et des amateurs. Et puis, le pays nouveau avec lequel
il vient de faire connaissance lui a suggéré, à l'entendre, une
façon nouvelle de traduire la nature. « Nous verrons, dit-il, si
on reprochera encore à ma peinture d'être grise et terreuse ! »
Montrant les études qu'il rapporte de là-bas : « Voyez-vous
la franchise de ces verts ? Je n'avais jamais fait cela jusqu'a
présent. Il faut qu'un ouvrier travaille sans relâche et qu'il

peine jusqu'au bout, *tant qu'il manque une cheville au buffet.* »

L'automne est fort avancé et ce n'est plus guère la saison des voyages. Toutefois, on lit dans un de ses carnets cette note, écrite le 28 octobre : « Demain, je pars de bonne heure pour la campagne ; après-demain, je serai à l'atelier de bon matin ; jeudi, je vais à Ville-d'Avray, puis je pars pour Coubron. » Il reste à Coubron du 1er au 15 novembre ; et, alors seulement, il reprend ses quartiers d'hiver. Encore quitte-t-il Paris dans le courant de décembre pour assister, à Douai, aux noces d'or du père et de la mère d'Alfred Robaut. Le gendre de Dutilleux occupe une des premières places dans son affection. Admis quotidiennement à l'atelier, il compte, ainsi que Mme Robaut, parmi les convives des dîners du Faubourg Poissonnière. En toute occasion, il recueille les propos du maître, dont il est devenu décidément le Dangeau.

Sur l'art d'abord : « Il faut interpréter la nature avec naïveté et selon votre sentiment personnel, en vous détachant complètement de ce que vous connaissez des maîtres anciens ou des contemporains. De cette façon seulement vous parviendrez à émouvoir. — Il y a des gens qui sont bien doués, mais qui ne veulent pas faire usage des dons qui leur ont été départis. Ces gens-là me font penser à un joueur de billard à qui un partenaire complaisant offrirait tout le temps de beaux coups dont il ne profiterait jamais. Il me semble que si j'étais l'adversaire de ce joueur-là, je finirais par lui dire : « Puisque c'est ainsi, je ne t'en donnerai plus ». A la place du bon Dieu, je me vengerais des misérables qui gâchent leurs dons naturels et je changerais leur cœur en liège. » Telles sont les paroles prononcées à table chez Robaut, le 19 novembre 1872. Les métaphores sont les mêmes que Silvestre avait entendues et que nous avons déjà lues sous sa plume. En voici une sur un autre sujet, surprise

encore par l'oreille toujours aux aguets de son fidèle observateur[1].
On cause de la difficulté de réussir dans les arts. « Oui, dit
Corot, il y a bien peu de gens qui arrivent au but. Tenez, cela
me rappelle un jeu auquel on s'amusait à Versailles dans ma
jeunesse. C'était sur un grand *tapis vert*. On vous bandait les
yeux et il s'agissait de parcourir toute la longueur de la pelouse.
La plupart des joueurs, dès le début, déviaient insensiblement ;
la déviation augmentait à mesure qu'ils avançaient et, tout d'un
coup, ils s'apercevaient, à leur grande surprise, qu'ils étaient
sortis du tapis. »

Un jour [2], tandis que l'artiste, à son chevalet, compose un
paysage, Robaut, assis auprès de lui, se met à fredonner un
air d'opéra. Corot l'interpelle : « Alfred, l'air que vous chantez
là ressemble à mon paysage. » L'ouïe et la vision ont chez lui
des rapports très intimes. Il en fait la remarque et, là-dessus :
« Tenez, fait-il, quand je me rappelle certain motif du *Croisé en
Egypte*, à la mode dans ma jeunesse, eh bien, je suis immédia-
tement transporté dans les Alpes ; je me revois dans la diligence
où je voyageais en 1825. Dès les premières notes, j'aperçois la
frontière et, le temps d'achever l'air, je suis en Italie. » Poursuivant sur le même objet, il ajoute : « Il en va de même pour
certaines odeurs, qui me remettent toujours en mémoire tel ou
tel paysage. Ainsi, lorsqu'au printemps je sens le parfum des
noisetiers, mon imagination s'enfuit à Bois-Guillaume, près de
Rouen, où s'est passée mon enfance, et s'enfonce dans les fourrés
odorants où jadis j'allais, le dimanche, ramasser des morilles. »

Se promène-t-il dans la campagne, Corot prend son compagnon pour confident et, si un endroit le séduit et l'arrête, il
s'efforce d'expliquer son émotion. Un soir que Robaut dîne
avec lui à Sèvres, chez sa nièce, Mme Chamouillet, on fait un

(1) Conversation avec Alfred Robaut, à Rouen, juillet 1872.
(2) Le 7 octobre 1872.

tour dans la campagne avant de se mettre à table. L'ombre envahit les buissons, dont les valeurs se confondent, et l'évanouissement presque général de toutes les nuances fait ressortir celles qui persistent malgré l'obscurité. Le peintre en fait la remarque et, empruntant à la musique une comparaison : « Ce fourré noir, dit-il, n'a l'air de rien ; mais il fait sa partie dans la symphonie ; c'est la basse qui accompagne le chant et le met en relief. » La nuit est venue tandis qu'on se promène et, dans le jour incertain d'un dernier rayon, un nouvel aspect du paysage sollicite encore le regard de l'artiste. Un platane se dresse devant lui, dont la masse se détache en vigueur sur le ciel clair du couchant. Corot cligne de l'œil. « Ah ! dit-il, combien, à cette heure-ci, certaines colorations sont difficiles à définir. Vous reconnaissez comme moi, deux tons dans le ciel, qui est jaune et lilas. Les buissons et le gazon sont verts ; ce n'est douteux non plus pour personne. Mais, cette grande masse sombre que vous voyez-là, de quelle couleur est-elle au juste ? Seuls, les malins le devinent et se tirent d'affaire à leur honneur. »

La peinture a une rivale dans le cœur de Corot : c'est la charité. Robaut reçoit de lui cette confession touchante : « Je viendrais à perdre la santé, je serais cloué dans mon lit sans pouvoir toucher un pinceau : faire du bien à autrui serait ma consolation. La charité est chose encore plus belle que le talent. D'ailleurs, l'une profite à l'autre. Si vous avez bon cœur, cela se verra toujours dans vos œuvres. » Sa figure s'épanouit quand, après avoir obligé un solliciteur, il se remet au travail. Il reprend sa palette en disant : « Vous allez voir comme nous allons faire de belles choses à présent ! Nous allons étonner les populations. » Ses libéralités attirent-elles l'attention des habitués de l'atelier et surprend-il un éloge sur leurs lèvres : « Il n'y a pas de mérite de ma part, se hâte-t-il de répondre ; c'est cela qui me fait trouver mes petites branches. »

Corot ne lit guère les journaux et la politique n'est pas son
fort. Il est ce qu'on est convenu d'appeler un homme d'ordre. Il
entend vivre tranquille et travailler sans être dérangé par les
préoccupations extérieures. Aussi n'est-il point partisan du
changement en matière de gouvernement et se méfie-t-il des
novateurs, quels qu'ils soient. Il regarde d'un mauvais œil les
journaux de combat et, une fois que son visiteur habituel déploie
devant lui la *République Française* de Gambetta [1] : « Qu'est-ce
que c'est que ça ? s'écrie-t-il. C'est du parti rouge, n'est-ce pas ?
Ah ! ces gens-là font bien du mal à leur pays ». Partant de là, il
se met à déplorer les révolutions, « qui épuisent la France et font
le jeu de ses ennemis ». Et s'échauffant : « Pourquoi faut-il que
notre beau pays soit déchiré tous les vingt ou trente ans par une
crise de ce genre-là ? Ah ! si, en outre des qualités qu'elle possède,
notre nation avait le flegme des Anglais ou la pondération des
Allemands !... Mais ce serait trop beau ! La France ne serait plus
la France ! Nous sommes ainsi faits ! Hier, nous étions tombés
à plat. Grâce à notre admirable sol et à notre travail intelligent,
dans une vingtaine d'années, nous aurons encore une fois
dépassé nos voisins. Lorsque nous serons bien prospères, le bon
Dieu se dira : « Ah ! mais, il faut remettre ces enfants-là au pas. »
Et nous nous ferons tuer encore une fois des milliers d'hommes,
arracher une dizaine de milliards... Quels seront cette fois-là,
les instruments de notre malheur ? Les Allemands, les Anglais
ou les Iroquois, qu'importe ? Le résultat est toujours le même... »
Mais l'optimisme de Corot l'empêche de pousser les choses au
noir. « Malgré tout, la France demeurera à la tête de la civili-
sation. Elle est comme ce petit espiègle, qui fait rire ses camarades pendant la classe et attrape tout le temps des punitions,
mais qui, au bout de l'année, étonne ses gens en remportant

(1) Conversation avec Alfred Robaut, le 31 octobre 1872.

quand même tous les prix. N'a-t-on pas dit de notre pays que, s'il pouvait vivre cent ans sans révolution, il deviendrait assez riche pour acheter le monde ? » Le tour de la conversation ayant conduit le causeur à s'expliquer sur ses opinions politiques : « Certes, je suis républicain, s'écrie-t-il, mais je veux que la République ne bouleverse pas la société. » Remontant en arrière, il explique qu'il n'a jamais compris pourquoi on s'est acharné à renverser le gouvernement de Louis-Philippe ; et il raconte, à ce propos, une anecdote de ce temps-là. Un journaliste de l'opposition, avec lequel il s'était rencontré, lui avait posé une question comme celle-ci : « Comment se fait-il, M. Corot, que vous, un révolutionnaire en art, vous ne soyez pas avec nous en politique ? » « Oh ! répondit-il, ce n'est pas la même chose. Je fais ma peinture à ma guise et je n'impose à personne ma manière de faire. Si je me trompe, je ne compromets nul que moi. Libre aux autres de suivre la voie qui leur plaît. La nature est là pour les guider, comme elle me guide moi-même. S'ils emboîtent le pas derrière moi, ça les regarde ».

Ce n'est pas seulement en politique que Corot est conservateur. Il reproche à ses contemporains de bouleverser, sous couleur de progrès, les beautés de la nature. Fontainebleau, à l'entendre, est méconnaissable ! Et il conclut avec dépit : « Il est fort heureux que l'homme n'ait pas le pouvoir de changer l'atmosphère elle-même ; autrement, le ciel aussi y passerait, comme le reste. »

A Paris, Corot, à présent, ne s'appartient plus. Son indépendance souffre à la fois de sa renommée et de sa bonté. Sa porte est prise d'assaut en même temps par les clients et par les solliciteurs. C'est pourquoi, mettant à contribution l'affection hospitalière de la famille Gratiot, il se prépare une retraite à Coubron et y fait bâtir, contigu à la demeure de ses amis, un atelier où il pourra travailler à l'abri des importuns. En attendant, il les dépiste en s'isolant, à Paris, dans l'incognito d'un atelier supplémentaire, rue Fontaine, 19 bis. Cette retraite lui est fournie par un des hommes qui guettent sa production et la drainent : l'ancien coryphée Cléophas, propriétaire par avance d'un des tableaux qu'il destine au prochain Salon *(Fig. 237)*. Cette œuvre, qu'il baptise du nom de *Pastorale*, en songeant peut-être à son cher Beethoven, s'achève rue Fontaine tandis que, rue Paradis-Poissonnière, il interprète, également en vue du Salon, un souvenir de l'étang Moutier, près de Montfermeil, qui s'intitule le *Passeur (Fig. 244)*. Celui-là aussi est retenu avant d'être achevé ; c'est au violoniste Hermann qu'il est promis. Chacun saisit ainsi son bien à l'envi. La prise de possession se fait en inscrivant un nom à la craie sur le châssis de la toile encore vierge. D'aucuns réclament vainement leur tour, mais Corot les oblige à patienter, disant avec malice qu'il fallait venir vingt ans plus tôt ; car, en ce temps-là, on était servi sans attendre.

La facilité avec laquelle les tableaux éclosent sous son pinceau magique lui permet d'ailleurs de contenter beaucoup de monde à la fois. Il ferme les yeux avec complaisance sur la spéculation à laquelle on se livre autour de lui et dont sa peinture est l'objet. Il ne lui déplaît pas d'être la Providence de ses acquéreurs. Faisant allusion à un particulier qui, ayant subi des revers dans ses affaires, se remet à flot en vendant les tableaux qu'il lui a achetés : « Qu'est-ce qu'il ferait, ce gaillard-là, dit-il, si ma peinture n'était pas là pour le tirer d'embarras ? » Ses confrères ont beau s'acharner contre son désintéressement ; ils ne peuvent pas le décider à augmenter ses prix. Robaut le voit, un matin, fort irrité à ce propos [1]. Il est en train de se raser et gesticule, son rasoir à la main : « On dit que je porte préjudice à autrui en vendant trop bon marché. Eh bien, je

(1) Le 8 avril 1872.

ferai une chose : je donnerai ma peinture pour rien. Comme cela,
on n'aura rien à dire, j'espère. » Dans son agitation, il balafre
son menton, qui saigne sous le tranchant de l'acier.

Corot est malheureusement, parfois, victime de son bon
cœur. Il se laisse arracher par l'impatience d'un marchand une
œuvre sur laquelle il n'a pas dit son dernier mot. On le circon-
vient par des paroles comme celles-ci : « Nous ne vivons que
par vous, M. Corot [1]. » D'autres obtiennent de sa complaisance
d'extraordinaires concessions. Voici par exemple une scène qui
se passe à l'atelier un mercredi, quand la porte est ouverte aux
visiteurs. Entre un quidam avec plusieurs toiles sous le bras.
« Bonjour, M. Corot : je voudrais vous soumettre quelques
petites peintures de vous, que je viens d'acheter? » Corot
examine ce qu'on lui présente en faisant la moue : « Comment,
diable, pouvez-vous m'attribuer des infamies pareilles? Et
vous avez acheté cela? — Mais oui, M. Corot; voici une petite
toile que j'ai payée cinq cents francs. — Malheureux!... Enfin...
laissez-moi cela et... revenez demain. » Le lendemain, le pinceau
du maître est passé sur l'objet en question et son propriétaire
remporte un véritable Corot. Ainsi quelques intrigants abusent
de la bonté de l'homme et l'exploitent.

Voilà un des inconvénients de la célébrité. Il est encore
d'autres dont souffre un artiste parvenu, comme Corot, au faîte
de la gloire. Dorénavant, il ne peut plus passer inaperçu quand
il se promène ou quand il voyage. Un jour, allant à Ville-
d'Avray, il s'est assoupi dans le train. Au moment où l'on entre
en gare, une personne qu'il ne connaît pas l'appelle par son
nom et lui dit : « M. Corot, vous êtes arrivé. » Une dame, occupée à le dévisager, descend quand il quitte le wagon et s'aperçoit seulement lorsque le train est reparti qu'elle s'est trompée

---

[1] Entendu par Robaut en octobre 1873.

Fig. 231. — La poule aux œufs d'or, vers 1872.

Fig. 232. — Dante et Virgile, 1873.

Fig. 233. — Environs d'Etretat, 1872.

Fig. 234. — Luzancy, 1872.

Fig. 235. — Gisors, 1873.

Fig. 236. — Les tanneries de Mantes. 1873.

de station [1]. Dans Paris, les coups de chapeaux n'arrêtent pas. A la veille du Salon, il sort pour aller voir quelques élèves. Il a tant de saluts à distribuer sur son chemin qu'il s'écrie : « Ah ! mon Dieu, que c'est fatigant d'être un homme connu ! » Toutefois, cette notoriété ne laisse pas au fond de le flatter. Il ne lui déplaît pas d'apprendre [2] que le magasin de nouveautés « A Pygmalion » vend une étoffe dont la couleur est baptisée « *gris-Corot* »; il sourit en demandant : « N'est-ce pas une épigramme ? »

Une grande ingénuité lui fait tenir des propos qui, dans une autre bouche que la sienne, trahiraient de l'orgueil ou de la suffisance. Ainsi, au mois de mars 1873, Georges Rodrigues a obtenu qu'il fît pour lui une réduction de son *Dante et Virgile*. La toile, accrochée depuis une quinzaine d'années sur le mur de l'atelier, est couverte de poussière. Corot la fait laver et vernir. Alors, devant son tableau ainsi rajeuni, il a un mouvement de surprise touchante. « Mais, c'est superbe, dit-il ; je ne puis me figurer que c'est moi qui ai fait cela ! » En parlant ainsi, il fixe sur Robaut un regard brillant qu'illumine une joie d'enfant [3].

Le *Dante* fut transporté dans l'atelier de Rodrigues, 46, rue de la Rochefoucauld et, quand l'élève eut ébauché la toile pour son maître, celui-ci alla régulièrement y travailler tous les lundis et tous le jeudis, de midi à 4 heures *(Fig. 232)*. En même temps, il poursuivait sa besogne courante, pour satisfaire la nombreuse clientèle qui le harcelait : les Brame, les Tédesco, les Beugniet, les Durand-Ruel, les Breysse, les Weyl, les Audry, sans compter Cléophas et son neveu Bardon, Surville, Oscar Simon, Hermann, le dentiste Verdier et le médecin Cambay qui,

(1) Raconté par Corot à Alfred Robaut, le 31 octobre 1873.
(2) Dans le courant de l'été 1873.
(3) A l'atelier de Corot, 25 mars 1873.

appelé d'aventure pour soigner Adèle, fit connaissance avec la peinture de son maître et se prit pour ses tableaux d'une passion rien moins que platonique. Robaut lui-même revendiquait sa part des chefs-d'œuvre qu'il voyait éclore quotidiennement, et Corot la lui abandonnait volontiers.

Le travailleur a conservé l'habitude de se reposer, le dimanche, des fatigues de la semaine en allant entendre de la musique. Le dimanche 9 mars 1873, M. et Mme Robaut sont venus le prendre en voiture à la sortie de Pasdeloup pour l'emmener dîner chez eux; la chose était ainsi convenue d'avance. Mais Corot, dont les poumons se dilatent avec bonheur au grand air, les invite à quitter leur fiacre et à faire la route à pied. « C'est si bon, dit-il, de voir le soleil ! » Il critique l'interprétation du prélude de Bach, qu'il vient d'entendre. Puis, revenant au soleil : « En voilà un qui ne mérite jamais de reproches ! Ah ! voyez-vous, j'aime à le regarder en face ! Oui, en face ! Dussé-je en perdre la vue !... J'adore sa lumière; j'ai tout fait pour la traduire et en impressionner les autres comme je l'ai été moi-même. » La physionomie du beau vieillard s'épanouit tandis qu'il s'exprime ainsi; sa face rayonne au milieu de l'auréole blanche de sa chevelure que caresse le vent. Chemin faisant, il cause avec animation. Il raconte que, la veille, à dîner, chez un de ses amis, il a entendu quelqu'un dire qu'il fallait qu'un artiste eût de l'amour-propre. « Je trouve, fait-il, que de l'amour tout court vaut mieux. Oui, de l'amour pour l'étude, pour la vérité, et aussi de l'amour pour notre prochain. Quand on me parle d'amour-propre, je pense, malgré moi, à un homme qui se regarderait dans la glace pour s'admirer... Lorsqu'on aime sa tâche et qu'on la fait de tout son cœur, à quoi bon se tourmenter ? Si nous ne produisons rien de fameux, tant pis, pourvu que nous ayons la conscience nette ! » A table, Corot se montre ce soir-là, comme de coutume, le plus aimable des convives. Il chante, sans se faire prier, le meilleur de son répertoire : *Les Amants de Touraine, Le Hollandais, La Mère Jeanne* et *Je sais attacher des rubans.* Il y met tant d'accent et de feu qu'on dirait d'une improvisation. Il eût fait, semble-t-il, un excellent acteur. On le lui dit parfois. Mais il répond : « Que faites-vous donc de ma timidité? Entre intimes, je suis à mon aise; mais, dès que le cercle s'élargit, ce n'est plus mon affaire... Il m'arrive parfois de rêver que je suis sur les planches et qu'on veut me pousser à réciter un rôle devant le public; je ne connais pas d'impression plus désagréable. » A propos du théâtre, qu'il fréquente beaucoup, il se montre très sévère pour les acteurs qui, manquant de naturel, ne réussissent pas à donner au spectateur l'illusion de la vie [1]. « Je veux, dit-il, qu'un comédien me fasse croire à la réalité de l'action qu'il représente. Ainsi, quand j'en vois un qui tombe, simulant l'évanouissement ou la mort, il faut qu'une fois étendu par terre, il demeure absolument immobile, sans faire le moindre mouvement; faute de quoi, le charme est rompu. » Cette opinion est d'accord avec l'esthétique professionnelle du peintre, qui s'efforçait, avant tout, dans ses œuvres, de donner l'aspect réel des choses et l'impression de la vie.

Dans la pratique, il sacrifie désormais systématiquement les détails à l'effet d'ensemble. La critique, toujours prête à reprendre l'offensive, envisage ce parti-pris comme une défaillance. D'aucuns le lui disent en face sans ménagements. Théophile Silvestre lui-même, son ami de la veille, prononce à propos de ses tableaux du Salon, des paroles dont la sévérité n'est pas à son éloge. « Les deux toiles la *Pastorale* et le *Passeur*, écrit-il dans le *Pays*, sont des ébauches exposées comme tableaux. Ah! si un débutant les eût présentées, le jury d'admission n'eût pas manqué de les mettre à la porte. Certes, Corot met du cœur dans son art, mais un cœur de célibataire qui n'a jamais souf-

(1) Conversation avec Alfred Robaut, 20 octobre 1873.

fert. Accoutumé à s'en tenir à l'épiderme, au velouté de la nature, il ne nous va qu'à fleur de cœur, au lieu de nous poindre. Ses matinées vaporeuses, épanouies, vives comme la brise matinale, et ses soleils couchants si ondoyants, si paisibles, caressent la sensation pure, mais ne font pas vibrer la passion. Comment ses effets iraient-ils plus avant en nous que ne vont en lui ses propres impressions ?... » Le couplet n'est pas tendre. Il méritait d'être cité comme un exemple de la fragilité des admirations humaines et de l'ingratitude qui guette avec malice la moindre faiblesse apparente du génie.

Vers le 15 avril 1873, Corot inaugure l'atelier de Coubron et demeure là quelques jours. Le 1ᵉʳ mai, il assiste, à Saintry, près de Corbeil, à une cérémonie familiale ; puis, quelques jours plus tard, il se fixe à Ville-d'Avray. Robaut va l'y voir le 15. En débarquant, à onze heures, il le trouvé en train de travailler dans sa chambre, sous l'œil de Tédesco, un des marchands à présent les plus gourmands de ses œuvres, à une petite toile qu'il lui a promise ; car ses acheteurs connaissent le chemin de Ville-d'Avray et ne se gênent pas pour venir l'y relancer. Corot apprend au nouvel arrivant que, le matin même, à la première heure, il a commencé d'après nature un nouveau tableau à son intention *(Fig. 245)*. Il en parle pendant le déjeuner et promet que l'objet sera « fameux ». On vient de se mettre à table quand apparaît un convive imprévu : Weyl, le concurrent de Tédesco, qui, d'une main, tient un jambonneau et de l'autre une toile esquissée d'après une étude du maître, qu'il lui apporte à terminer. Corot, qui ne l'attendait que le mois suivant à Coubron, fait un peu la grimace ; mais il ne tient pas rigueur à l'importun, qu'il accueille avec sa bonne humeur coutumière. Courte promenade après le repas ; après quoi, le travailleur se retire dans sa chambre et s'y repose pendant une heure. Il en sort, à 2 heures, pour se remettre à l'étude. Le tableau qu'il fait cet après-midi-

là est retenu d'avance comme les autres : il est réservé à Beugniet. Vers 5 h. 1/4, la fraîcheur du soir écourte la séance
d'après nature. Alors, en attendant le dîner, l'infatigable vieillard s'installe de nouveau dans sa chambre et trouve encore le
moyen de couvrir une toile de 8. On sert la soupe à 6 h. 1/2 et il
donne, comme toujours, l'exemple de l'appétit et de la gaîté.
Robaut quitte la table en hâte à neuf heures, pour regagner
son train et le laisse achevant la soirée en famille, avec M. et
Mme Chamouillet, arrivés chez leur oncle pour l'heure du dîner.
Le visiteur retourne à Ville-d'Avray huit jours plus tard, le 22.
Cette fois, c'est pour Cléophas que Corot est à l'œuvre ; le jeune
Bardon, le neveu de son client, en train de peindre à côté de
lui, surveille de l'œil la toile impatiemment attendue par son
oncle et épie le moment de la lui arracher des mains. Voilà la
vie que mène cet homme de soixante-dix-sept ans.

Il faut rentrer à Paris le 23 mai ; car il est attendu, le lendemain, à Brunoy, dans la famille Dubuisson, où il a déjà fait une
courte apparition, une fois, avant la guerre. M. et Mme Robaut
sont reçus en même temps que lui. En huit jours de temps, il
achève quatre petits paysages et ébauche deux grandes toiles.
Le mauvais temps a beau le contrarier : abrité sous deux para-
pluies, tenus par ses amis au-dessus de son tableau que le para-
sol de campagne ne suffit pas à garantir, il brave les averses avec
une crânerie qui fait l'admiration de son entourage. Lorsque sa
besogne marche à son gré, sa langue se délie et il cause avec
animation, tout en s'appliquant à parfaire son œuvre. Un jour
que, sous l'œil de ses compagnons, il s'efforce de fixer sur la
toile les ardeurs pâlissantes d'un coucher de soleil, il évoque
Claude Lorrain, dont le génie a si bien traduit les sujets analo-
gues à celui qu'il représente. « Quand on regarde un de ses
tableaux, dit-il, il semble qu'on voie un vrai coucher de soleil.
C'est l'effet que je voudrais produire, moi aussi ; je cherche à

rendre le frémissement de la nature... Eh bien, cela ne peut s'obtenir que par l'observation rigoureuse des valeurs. Je fais des efforts constants pour en saisir toutes les nuances et donner par cela même l'illusion de la vie; je veux qu'en regardant ma toile, qui cependant ne bouge pas, le spectateur ressente l'impression du mouvement des choses. » La veille de son départ, il avise un trumeau du salon et ses pinceaux s'en emparent. Il juche un tabouret sur une table et, grimpé sur cet échafaudage branlant, il improvise en quelques instants un lumineux paysage dans le petit carré de boiserie. Tout en caressant son œuvre, il déplore qu'on ait trop rarement fait appel à son talent de décorateur. Et son regret s'accompagne d'une généreuse pensée humanitaire. « Si on me laissait faire, dit-il, je couvrirais de mes peintures les murs d'une prison; je montrerais aux pauvres égarés, qui sont enfermés dans ces tristes endroits, des campagnes de ma façon qui, pour sûr, les convertiraient au bien. »

Le 2 juin, Corot quitte Brunoy, passe la journée à Paris, dîne chez La Rochenoire avec Daubigny et repart, le lendemain, pour Coubron. Il est rappelé précipitamment, le 5, par la mort de son neveu Chamouillet, décédé à Sèvres, et qu'on enterre à Paris le 7. Il conduit le deuil et s'efforce de maîtriser son émotion, qui se traduit par une grimace nerveuse. Quelque étrangère qu'elle soit demeurée à son art, sa famille lui est chère et les enfants de sa sœur occupent une grande place dans sa tendresse. Le soir même de l'enterrement, il emmène avec lui Mme Chamouillet à Coubron, où il l'entoure pendant quelques jours de son affectueuse sollicitude. Le 11, un pieux devoir l'appelle à Paris. Il a pris rendez-vous avec la veuve d'Aligny, mort à Lyon l'année de la guerre (1871), pour l'aider à préparer la vente de son mari. Il est demeuré fidèlement attaché au souvenir du confrère qui, le premier, l'a soutenu de ses encouragements. De son vivant, il lui témoignait le respect qu'on a

pour un maître et le présentait comme tel à ses amis. Il ne tint
pas à lui que Français, ne fût, comme lui, son disciple. Quand,
sortant de l'atelier de Gigoux, celui-ci vint à lui vers 1835, Corot
voulut lui faire faire la connaissance de l'artiste dont les conseils
lui avaient tant profité à lui-même; mais Français ne sut pas
apprécier Aligny et lui tourna le dos. Corot, au contraire, ne
cessa de professer à son égard la plus profonde admiration. Le
peintre Hanoteau, qui eut l'occasion de l'accompagner, un peu
avant 1870, dans l'atelier de son confrère, fut frappé de sa déférence pour un artiste jadis son rival, qu'il avait distancé depuis
longtemps et dont la réputation éphémère n'était plus qu'un
lointain souvenir. A l'admiration de Corot pour le talent d'Aligny
se mêlait une profonde reconnaissance pour les enseignements
qu'il avait reçus de lui à son début. Aussi, rencontrant Robaut
à Paris le jour où il allait chez Mme Aligny, et lui parlant de
sa démarche : « C'est une dette sacrée, lui dit-il. Je suis fier de
m'en acquitter. »

Corot ne perdait pas une minute et il paraît qu'il profita de
cette journée passée à Paris pour donner rendez-vous, rue
Paradis, à un modèle et terminer, entre deux trains, une figure
promise à un client. Puis, il visitait à la hâte le Salon et, le lendemain, il était de nouveau à l'ouvrage dans l'atelier de Coubron,
où Tédesco, qui avait ses entrées dans la maison, surveillait sa
besogne et ne lui laissait aucun répit. Ainsi passait le mois de
juin.

Le 5 juillet, M. et Mme Robaut l'enlèvent et l'emmènent à
Douai. En traversant Paris, il s'arrête chez Tédesco et voit dans
son magasin une de ses œuvres anciennes, la *Diane au bain* qui
a figuré au Salon de 1836. Il en détaille les défauts, critique le
manque de simplicité et de parti-pris et, pour un peu, prendrait
ses pinceaux et recommencerait le tableau. Puis, parlant de sa
jeunesse et de ses efforts longtemps méconnus : « Ah, dit-il,

dans ce temps-là, j'étais obligé de garder ma folie pour moi et de l'enfermer dans mon armoire ! Un beau jour, j'ai fini par lui ouvrir la porte ; et la douce folie s'est échappée ; mais il y en a encore plein mon armoire [1]. »

Le séjour de Corot à Douai coïncide avec le fête locale. C'est la kermesse de Gayant. Le visiteur, toujours plein d'un entrain juvénile, prend sa bonne part des réjouissances. Cependant, la peinture n'y perd rien. Dès le lendemain de son arrivée, il s'installe dans un faubourg de la ville, à Sin-le-Noble (Sin l'nob, comme on dit là-bas), sur le bord de la grand'route. Il passe là toutes ses matinées, sur le gazon qu'ombragent les arbres, en face du chemin qui fuit vers l'horizon sous la lumière tamisée d'un ciel où floconnent les nuages. Trois ou quatre chaumières au toit rouge apparaissent sur le côté, à travers l'enchevêtrement des ormes et des saules. Il copie cela avec la naïveté d'un débutant, laissant parler la nature et se contentant du rôle d'interprète véridique. Sa virtuosité ajoutera à l'atelier quelques détails complémentaires que, plus jeune et moins habile, il ne se serait pas permis d'inventer *(Fig. 241)*. En attendant, l'objectif de Charles Desavary se braque sur l'étude toute fraîche *(Fig. 240)*. Le photographe a arrêté ainsi au passage toutes celles qui sont apparues devant lui. Ses clichés racontent la genèse d'œuvres souvent transformées par le visionnaire entre les quatre murs de la rue Paradis-Poissonnière. Car l'inspiration du poète, habituée à se donner carrière, prend dorénavant des familiarités avec ses motifs et les arrange au gré de sa fantaisie. Il arrive même à Corot de tricher sur place avec le modèle qu'il s'est proposé et d'étonner les gens qui, le regardant travailler, cherchent en vain dans le paysage ce qu'ils aperçoivent sur la toile.

Tel n'est pas le cas de la *Vue de Sin-le-Noble*, véritable chef-

(1) Conversation avec Alfred Robaut, le 5 juillet 1873.

Fig. 237. — Pastorale. Salon de 1873.

Fig. 238. — Saint-Nicolas-lez-Arras.

Fig. 239. — Corot à Saint-Nicolas-lez-Arras.

Fig. 240. — Sin-le-Noble, 1873. 1ᵉʳ état du tableau.

Fig. 241. — Sin-le-Noble, 1873. Dernier état.

Fig. 242 et 243. — Corot à Marcoussis, chez Dumax, 1873.
Croquis par Eug. Forest.

d'œuvre de sincérité, en dépit de certaine grande branche cassée
que le peintre a jetée sur le premier plan après coup, pour meu-
bler le coin gauche de son tableau. J'ai eu l'occasion [1] de parler
de ce tableau et de raconter, d'après Alfred Robaut, une anec-
docte enregistrée par lui et qui s'y rapporte. Corot travaillait
dans la rosée matinale quand son hôte vint lui rendre visite
avec son compatriote Adrien Demont. La conversation s'engage ; l'on cause de la kermesse et des fêtes promises pour
l'après-midi. « Qu'est-ce qu'il y a donc comme programme
pour tantôt, Alfred ? interroge Corot. — Tantôt ? Mais c'est le
départ du ballon. — Ah ! le ballon ! Fameux ! » Et aussitôt une
brosse fantaisiste lance dans le ciel du tableau un ballon et sa
nacelle, qui filent parmi les nuages. Les deux amis sourient de
la plaisanterie qui, du même coup, abuse les curieux attroupés
autour du paysagiste. Les paysans, en revenant du marché,
ouvrent de grands yeux et prennent des airs d'étonnement.
« Comment ! On a donc changé l'heure du ballon ? » Et les gens
de se perdre en conjectures. Le bonhomme est dans la joie et
rit de la mystification. Mais, dans un ciel de Corot, l'atmosphère est trop aérienne pour qu'un ballon demeure longtemps
en place. Le vent l'a emporté, et c'est à peine si un œil investi-
gateur découvrirait une faible trace de l'aérostat qui, un
instant, a passé par là.

Cette verve intarissable ne cesse de répandre la joie autour
d'elle. Le soir, en regagnant sa chambre, le « vieux papa »
simule un épuisement qui l'empêche de lever les jambes et
gravit en se traînant les marches de l'escalier ; puis, une fois en
haut, il dégringole à toute vitesse pour recommencer de nouveau
sa comique ascension. Ces douces folies se répètent chaque
jour. Il en demeure huit à Douai ; après quoi, pour ne pas faire
de jaloux, il consacre la semaine suivante aux Dutilleux

[1] *Gazette des Beaux-Arts*, 1er juin 1903.

d'Arras. La propriété de M. Bellon, avec ses belles eaux et ses frais bocages, l'attire comme l'année précédente *(Fig. 238)*. Charles Desavary, son hôte, vient l'y trouver avec son appareil photographique, qu'il braque sur lui à plusieurs reprises *(Fig. 239)*. Puis, le lundi 21 juillet à midi, il prend congé de son monde et va rejoindre à Dunkerque Daubigny et Oudinot. Ce dernier a, dans cette ville, un parent, qui l'héberge avec ses illustres amis. Les deux maîtres rivalisent d'ardeur, assis souvent côte à côte dans la dune, et il n'est pas sans intérêt de comparer, dans l'interprétation d'un même motif, la différence de leur tempérament et de leur vision.

Cette douce émulation dure jusqu'au 26 juillet. Corot abandonne alors ses camarades pour ne pas manquer au repas familial de Ville-d'Avray le jour de la fête de sa sœur. D'ailleurs, il a promis à Dumax qu'il serait à Marcoussis au début d'août et il demeure fidèle à sa promesse. Le 2, il prend, à la gare d'Orléans, « le train matinal de 7 h. 15 [1] » avec le peintre-graveur Paquier, un autre camarade de Dumax, talent fin et délicat, doublé d'un aimable compagnon ; et la colonie joyeuse de Marcoussis, qui compte parmi ses habitués le dessinateur Forest et le géographe Malte-Brun, les reçoit à bras ouverts. Ah ! les belles journées de travail joyeux ; et comme il est touchant à voir, ce vieux tâcheron de l'art, parcourant la campagne sous son chapeau de paille déformé, tout bariolé de couleur ! Un jour, Dumax l'a plaisanté sur le pauvre couvre-chef défraîchi ; et lui, sans perdre contenance : « Ah ! tu ne le trouves pas beau ; eh bien, nous allons en faire un chef-d'œuvre. » Prenant sa palette, il l'a sabré de bleu et de rouge, puis l'a bravement remis sur sa tête. Nous devons au crayon alerte de Forest un amusant souvenir de ces heures laborieuses et gaies. Il s'est plu à surprendre Corot au retour du travail, en train de faire la sieste, sans façon,

<hr>

[1] Lettres de Corot à Dumax, des 27 et 30 juillet 1873.

sur le canapé, dans l'atelier de son hôte ; ses croquis sont une image de la vie dans son naturel et son abandon *(Fig. 242 et 243)*.

Dans le courant de septembre, voici notre personnage à Mantes. Il s'arrête au coin d'une ruelle dont les vieilles bâtisses abritent des tanneries *(Fig. 236)*. L'odeur qui s'en dégage est écœurante ; l'endroit est infesté de mouches sordides ; et puis, l'artiste s'étant avisé d'introduire dans son tableau les personnages qui passaient devant lui, la curiosité des voisins s'attroupe autour de lui. Malgré tout, il tient bon et mène à bien son œuvre ; d'autant plus heureux de la réussite qu'elle a été plus laborieuse. L'île de Limay reçoit aussi sa visite habituelle. Il y a là, aux alentours du pont, des saules et des peupliers qui sont de vieilles connaissances et qu'il revoit toujours avec plaisir. Un matin cependant, il s'est attardé dans sa chambre. Au-dessus de la cheminée, un grand panneau dépourvu d'ornement invite le décorateur à se donner carrière. S'inspirant de la vue qu'il aperçoit de sa fenêtre, il a charbonné un pont de Mantes idéal et il se frotte les mains en se promettant pour le lendemain une débauche de couleur. La bonne, hélas, n'est pas dans son secret. A peine a-t-il tourné les talons que le plumeau s'acharne contre l'esquisse de son rêve et que l'œuvre ébauchée s'envole à tout jamais, l'inspiration du peintre ayant été balayée du même coup avec son dessin.

Corot quitte Mantes le 17 septembre et se met en route, le 20, pour Fontainebleau. De même que l'automne précédent, il descend chez Mme Coutelle et ses compagnons de travail sont Comairas et Brizard. Robaut, qui va l'y voir, l'accompagne au « Calvaire », où il fait une étude. Chaque jour, il s'y fait conduire en voiture et y demeure tout l'après-midi. Brizard est avec lui ; Comairas, lui, se donne du bon temps ; et Corot de le regretter. « Il était si bien doué, dit-il ; mais on n'arrive à rien sans se donner de la peine. » Laissant de côté le pauvre camarade, il ajoute : « Pour moi, je ne me complais vraiment que dans le travail. » Retour de Fontainebleau, c'est lui-même qui monte les étages de Robaut et qui frappe à sa porte, le 4 octobre. On lui présente un jeune débutant, qui exhibe ses études. Il les examine avec soin ; puis, sans farder son sentiment : « Ça manque d'accent. Les valeurs sont indé-cises. Il ne faut pas de cela. Exagérez plutôt en sens contraire. Prenez du noir pur et du blanc pur aussi, si vous voulez. Vous serez trop dur. Mais la dureté vaut mieux, chez un commençant, que la mollesse. » Et, comme on déplore les difficultés du métier, le mauvais temps qui contrarie trop souvent le paysa-giste : « Voilà une belle affaire ! Mais, toutes ces misères-là, Claude Lorrain et Ruysdaël les ont subies, comme nous, d'un bout à l'autre de leur carrière. C'est pour nous faire faire de meilleure peinture que le bon Dieu nous envoie des contrarié-tés. Il veut nous éprouver. Les vrais artistes sortent plus forts de l'épreuve : tant mieux ! Les autres se découragent : tant mieux aussi ! » Ensuite, la conversation saute. Corot parle d'une dame dont le mari s'est suicidé et à laquelle il vient d'aller porter ses condoléances. Il l'a trouvée très consolée et presque joyeuse ; aussi, il s'écrie : « Qu'on vienne encore plaisanter le cœur des célibataires ! »

Le 7 octobre, il se laisse encore entraîner. Cette fois, c'est à Gisors (*Fig. 235*), avec Oudinot, dont la femme est receveuse des postes dans cette ville. Cette nouvelle fugue dure jusqu'au 20. Robaut va le saluer le surlendemain de son retour et renouvelle sa visite les jours suivants. Il le trouve plus vaillant que jamais. En lui montrant plusieurs toiles qu'il achève, son hôte conte ses joies de travailleur en face des beautés de la création. Puis, il s'explique sur la pratique du métier. Selon lui, il est indispen-sable de mettre beaucoup de variété dans l'exécution, pour se

Fig. 244. — Le passeur. Salon de 1873.

Fig. 245. — Ville-d'Avray. 1873.

Fig. 246. — La crèche Saint-Marcel, rue Vandrezanne,
ornée du portrait de Corot, son bienfaiteur.

Fig. 247. — Corot, 6 novembre 1870.

Fig. 248. — Étude de Dutilleux terminée par Corot.

Fig. 249. — Le moine au violoncelle, 1874.

rapprocher le plus possible de la nature, qui est infiniment variée. » A supposer qu'il existe deux objets pareils absolument, fait-il, le soleil ne les éclaire pas l'un et l'autre de la même façon. » Et, se rappelant une discussion qu'il a soutenue récemment, sur ce sujet, avec le curé de Coubron [1], qu'il rencontre souvent dans la famille Gratiot, il répète son dialogue avec le brave ecclésiastique. « Il me présentait une méchante peinture d'un petit ami, où toutes les valeurs étaient égales. Comme je lui en faisais l'observation : « Mais, répondit-il, la nature nous montre des effets comme celui-là, dans lesquels tout est uniforme. » — « Vous vous trompez, repris-je ; il y a toujours des différences. Elles ne sont pas toujours frappantes au premier coup d'œil. Mais alors, moi, je regarde d'autant plus attentivement et, quand j'ai saisi mon affaire, je ne me gêne pas pour exagérer ce que j'ai observé. Le bon Dieu, qui voit le mal que je me donne, se dit : « Le mâtin ! il m'a deviné », et, content de moi, il m'envoie ses grâces. » — Le curé se prit à rire, disant : « Du moment que le bon Dieu vous confie ses secrets, je n'insiste pas davantage. » — Tout en ajoutant de-ci de-là une touche sur la toile placée sur son chevalet, Corot commente sa besogne : « Je cherche à me rappeler ce qu'il y avait là-bas, mais en y mettant un peu de moi. J'interprète avec mon cœur autant qu'avec mon œil. » Il insiste sur la nécessité d'introduire les couleurs du prisme dans les blancs et dans les noirs. « Quelque intense que soit une lumière ou une ombre, jamais un blanc pur, ni un noir pur. Je colore toujours, même les valeurs les plus extrêmes. » A un certain moment, il se met à considérer son tableau comme si c'était celui d'un autre, et, partant d'un éclat de rire : « Quelle drôle de peinture ! Cela me rappelle la

[1] L'abbé Jouveau était un aimable compagnon, dont Corot appréciait la cordialité et la gaîté. Il était poète à ses heures et il a dédié à Corot plusieurs pièces de vers de sa composition.

tapisserie de ma bonne mère. Quand elle avait fini, elle nettoyait son travail : elle appelait cela « enlever les poux. » Moi aussi, j'enlève les poux. »

Après la Toussaint, nouveau séjour d'une quinzaine à Coubron. Il retourne aussi là-bas en décembre, fuyant Paris où désormais il ne s'appartient plus. Dès qu'il apparaît dans la capitale, Cléophas l'emmène dans l'atelier de la rue Fontaine, où ses modèles favoris, Emma Dobigny et Clémence Abadie viennent poser tour à tour. Rue Paradis-Poissonnière, la porte est si difficile à défendre ! Dix à douze personnes l'assiègent chaque matin, sans compter les habitués dont le chevalet entoure celui du maître depuis quelques années, tels que M. Demeur-Charton, le mari de la cantatrice, auquel, dans les moments de presse, Corot confie la charge d'ébaucher une toile sur ses indications. Robaut lui-même est honoré aussi parfois de la même mission, et il s'en acquitte au gré du maître, heureux de trouver autour de lui de dévoués auxiliaires. Le temps lui manque si souvent pour contenter toutes les exigences qui l'obsèdent de plus en plus ! Il fait flèche de tout bois. Il ramasse de droite et de gauche des peintures de Pierre ou de Paul, qu'il transforme en quelques coups de pinceau *(Fig. 248)*. Il prodigue généreusement une paternité facile à des œuvres indignes, avant d'avoir reçu son souffle, de passer à la postérité. D'aucuns en prennent ombrage, lui reprochant, comme Chintreuil aigri par une vieillesse malheureuse, de vivre de larcin et de s'enrichir aux dépens d'autrui. Dieu sait cependant si le lucre entre pour quelque chose dans ce subterfuge sans malice d'un producteur aux abois.

Aussi bien, tout ce qu'il gagne s'échappe en bonnes œuvres. Coubron et son orphelinat partagent avec ses clients parisiens ses inépuisables libéralités. Le concierge de son atelier, dont la consigne est généralement sévère, a reçu l'ordre de l'oublier toujours pour une cornette de religieuse. C'est celle d'une sœur de Saint-Vincent de Paul à qui une inspiration providentielle a fait tirer un jour la sonnette de Corot. Elle se trouvait sur son palier ; en face, on ne lui avait pas ouvert. Dehors, l'orage grondait ; la pluie tombait à torrents. L'artiste l'avait introduite dans son atelier, refusant de la laisser repartir avant la fin de l'averse. Quittant sa palette, il s'était mis à causer, questionnant, avec une curiosité affable et une générosité impatiente de se dépenser, la charitable créature apparue dans son logis. Sœur Maria rentra les mains pleines ce jour-là au faubourg Saint-Marcel, et l'artiste lui avait dit : « Ma sœur, il faut revenir souvent me voir. »

Peu à peu la crèche de la rue Vandrezanne *(Fig. 246)* devint la crèche de Corot, tant sa main était toujours largement ouverte. Son souvenir plane toujours sur cette maison où l'enfance repose sous l'aile de la charité chrétienne et où le nom de Corot, ainsi que son image *(Fig. 247)*, sont associés au nom et à l'image du bon Dieu [1]. Pendant huit ans (la rencontre datait de 1866), la petite sœur préleva régulièrement sa dîme sur l'œuvre de Corot. Le nombre fut immense des infortunes soulagées, des douleurs adoucies et des larmes séchées par cette collaboration du peintre illustre et de l'humble religieuse. Celui des bienfaits exercés dans cet atelier en dehors de cette initiative particulière n'était pas moindre. La bonne sœur Maria, mise au courant par des rencontres fortuites de quelques traits de cette inépuisable munificence, se plaisait à rappeler des scènes comme celle-ci. Corot fait poser un petit modèle qu'il confesse tout en travaillant. « Tu as un amoureux, mon enfant ? Eh bien, crois-moi, mariez-vous et plante-là les peintres. — Nous marier ! Mais,

(1) Une photographie de Corot décore le parloir de la crèche de la rue Vandrezanne et un autre portrait de l'artiste occupe une place d'honneur, à côté du crucifix, au milieu de la crèche elle-même.

M. Corot, nous n'avons pas de quoi entrer en ménage. — Eh bien, s'il ne s'agit que de cela, *le petit papa* est là pour y pourvoir. » Et la jeune nymphe passa devant M. le maire, nantie par Corot d'une jolie petite dot. — Un autre jour, un artiste besogneux apporte une toile de sa façon et sollicite un conseil. Sur une critique du maître, il se désespère, s'en prenant à une vue défaillante de l'inanité de ses efforts et de son impuissance à subvenir aux plus pressants besoins de l'existence. « Allons, dit Corot, ne nous désolons pas. Il ne manque pas grand'chose à votre tableau pour que tous les marchands se le disputent. Attendez un instant. » Saisissant sa palette, du méchant barbouillage du pauvre hère il fait un Corot et congédie un homme heureux.

Ses aumônes étaient toujours empreintes de discrétion. La manière dont il tend une main secourable à son confrère Daumier est délicate et touchante. Daumier habitait, à Valmondois, une mauvaise bicoque, où sa vieillesse maladive s'abritait misérablement. Son propriétaire, inexactement payé, le laissait geler de froid dans des murs humides et mal clos. Corot, ému de pitié, fait parqueter à ses frais sa chambre et paie toutes les réparations nécessaires ; puis, il dit à Daubigny qui, en qualité de voisin, a qualité pour mener une négociation de ce genre : « A présent, il faut débarrasser le gaillard de son propriétaire : achète la maison ; voici l'argent. » Quand Daumier apprend cette nouvelle, les larmes lui montent aux yeux. Aussitôt, il choisit pour interprète de sa reconnaissance un de ses tableaux, se fiant à l'éloquence de ses *avocats* pour traduire mieux que lui-même ses sentiments ; et Corot, ravi, accroche au chevet de son lit cette peinture, qui charme son regard en lui rappelant son bienfait. Elle sera sous ses yeux à sa dernière heure et, en la montrant à Geoffroy-Dechaume, venu pour lui faire une suprême visite, il lui dira : « Ce tableau-là me fait du bien. »

Fig. 250. — Palette de Corot, brisée entre ses mains à Arras, vers 1855 ou 1860, et recueillie par Dutilleux.

Malgré les occupations qui l'accablent, sa bonté ne sait pas éconduire le peintre Bénédict Masson quand il lui demande de faire son portrait. En entrant à l'atelier le 2 janvier 1874, Robaut le trouve en train de poser, les deux mains à plat sur les genoux. Sa physionomie trahit l'impatience d'en avoir fini et de se remettre au travail. La séance terminée, il se lève avec joie et, après un coup d'œil accordé à l'œuvre de son tortionnaire, vite, il enlève sa redingote, passe sa blouse et coiffe l'habituel bonnet de coton. Il y a la, attendant le bon plaisir du maître, son modèle Narcisse, venu pour poser un « moine » *(Fig. 249)* promis à Tédesco. Tédesco lui-même est présent, ainsi que Bardon. Demeur occupe son chevalet coutumier et sa femme vient d'entrer. Cette galerie n'empêche pas Corot de se mettre bravement à l'œuvre. La pipe à la bouche, il se campe en face du modèle et, sur la toile encore vierge, esquisse à la craie la silhouette du bonhomme. Il s'applique et peine sans mot dire : tout le monde autour de lui garde un silence respectueux. Tout d'un coup, il s'arrête, se retourne et, avec une feinte colère : « Comment, vous êtes là 1, 2, 3, 4, 5, 6, 7, 8, oui... huit, et il n'y en a pas un qui me dirait de rallumer ma pipe ? » La pipe rallumée, il prend un crayon de mine de plomb et, un quart d'heure durant, il précise les contours de sa figure. Puis, il saisit la palette, et fiévreusement la couleur s'abat sur la toile. Tandis qu'il ébauche la robe brune, sans cesse son pinceau va chercher un peu de blanc pour le mêler aux tons les plus foncés. Robaut en fait la remarque et dit : « Voilà une pratique qui n'était pas celle de Delacroix. » Alors Corot : « Ah ! c'est que, malgré sa grande indépendance, Delacroix vivait de formules apprises chez Géricault ou ailleurs. Pour moi, personne ne m'a rien enseigné. Quand on est livré à soi-même en face de la nature, on se tire d'affaire comme on peut et, naturellement, on se compose une manière à soi. Oui, je mets du blanc dans tous mes tons, mais je vous jure que je ne le fais pas par principe. C'est mon instinct qui m'y pousse et j'obéis à mon instinct [1]. »

Corot est fier d'avoir conservé sa personnalité malgré la longue indifférence dont il a été abreuvé. « Car, dit-il, s'il est, jusqu'à un certain point, facile de trouver une note originale quand on débute, ce qui l'est moins, c'est de persévérer et de demeurer fidèle à son propre sentiment lorsque personne ne vous soutient et que tout le monde, au contraire, vous tourne le dos. On ne surmonte cette épreuve qu'à force d'amour désintéressé pour la nature [2]. » Comme on lui objecte que cet amour-là est capable de vous faire mourir à la peine : « Eh bien, mieux vaut mourir que de faire fausse route... » Selon lui, le désir de gagner de l'argent est, avec la vanité, le pire ennemi de l'artiste. L'art doit être un sacerdoce désintéressé, et non pas un métier de lucre. Aussi, quand un jeune homme qui désire faire de la peinture vient lui demander conseil, il commence par lui poser cette question : « Avez-vous de quoi vivre ? » Si on lui répond affirmativement, alors il dit : « C'est bien ; vous pouvez faire comme moi et *vous amuser.* » Autrement, la partie lui semble trop grosse et le risque l'effraie.

Cet hiver 1873-74 est encore plus laborieux que les précédents. Outre trois grands sujets en train pour le Salon, une quantité d'autres passent sur le chevalet. Corot ne se repose même pas le jour de l'an et reçoit les hommages de ses amis tout en caressant un paysage. Il en a tant promis à des clients, qui les attendent, qu'il ne s'est pas réservé le loisir de se délasser en prenant, pour son plaisir, une semaine de modèle. Robaut l'entend un

---

(1) La palette de Corot était loin de présenter les mêmes complications de colorations composites que celle de Delacroix. Elle n'était chargée que de tons entiers. On peut voir au Louvre une palette recueillie par Dutilleux à Arras, vers 1855-58 *(Fig. 230).* Corot l'avait jetée parce qu'elle était cassée. Les couleurs sont demeurées dans leur disposition habituelle. Le blanc est à droite et voisine avec les jaunes. A gauche, le vermillon se montre entre les bleus et les verts.

(2) Conversation avec Alfred Robaut, novembre 1873.

matin [1] répondre à une Italienne qui demande des séances :
« Repassez dans quelque temps, mon enfant ; je ne peux pas me
donner de vacances en ce moment. »

Il trouve, malgré tout, le moyen de se rendre libre pour
assister, dans le courant de janvier, à Corberon, près de Beaune,
à la noce d'un employé de son neveu Chamouillet. Au cours de
ce voyage, il a été assez souffrant. Il en revient très fatigué.
Cependant, sa santé ne marque pas encore de sérieuse défaillance. Elle résiste aux réunions d'amis et aux sorties du soir,
toujours aussi fréquentes. D'ailleurs, son œuvre puise sans cesse
son aliment au théâtre. Un grand tableau, qu'il prépare pour le
marchand Détrimont, et qu'il intitule *Biblis (Fig. 257)*, lui a été
inspiré, au mois d'octobre 1873, par le ballet de *la Source*.
*Hamlet* lui fournit aussi, vers la même époque, le sujet d'une
petite toile demeurée à l'état d'ébauche.

Bien que, le dimanche, il préfère le Conservatoire à l'Hôtel
des Ventes, il lui arrive d'y entrer de temps à autre pour voir
une exposition. Ainsi, il parcourt celle de la collection Strong-
berg (31 mars 1874), où figure un célèbre paysage de Koek-Koek.
La vue de ce tableau lui suggère de fort intéressantes remarques.
« J'avais commencé, dit-il, par examiner la toile de près. Chaque
objet était soigneusement dessiné et modelé. Cela m'avait paru
très bien fait. Je me retirais lorsque, par hasard, me retournant,
je vis la chose à distance. Eh bien, de loin, cela ne tenait plus.
Aucun parti-pris de valeurs ni de forme. Aucun effet ; aucune
impression. Il ne restait plus rien de mon Koek-Koek. Or, cette
peinture-là habitue le public à une fausse conception de l'art.
On s'attache aux détails ; on néglige l'ensemble. Ces peintres
minutieux sans vérité ont imposé à la foule leurs œuvres de
myopes comme étalon de ses jugements. Lorsque les gens se
mêlent de juger un tableau, ce n'est pas la nature qu'ils prennent

(1) Le 26 novembre 1873.

pour base de leur critique; c'est la peinture à laquelle leur œil est accoutumé qui leur impose ses tyranniques mensonges. Il en résulte que, le jour où l'on veut refaire leur éducation, alors même qu'ils s'y prêtent de bonne grâce, la tâche est si ardue qu'on s'y briserait les muscles de la poitrine. »

Dans les premiers jours de 1874 a lieu la translation au cimetière Montparnasse du corps d'Aligny, rapporté par sa veuve de Lyon à Paris. C'est par un jour humide et froid, sous un ciel chargé de neige. Corot est là, à huit heures du matin, les pieds dans la boue. Malgré lui, il grelotte et claque des dents. Mme Aligny tremble pour sa santé soumise à une bien rude épreuve et veut à toute force le congédier ; mais en vain. Son courage ne faiblit pas et il reste jusqu'au bout. Touchant hommage d'un cœur fidèle à l'ami et à l'initiateur. Ce tendre et bon Corot jouit de plus en plus de l'estime et de la sympathie de ses confrères. Lorsque, sur la proposition de M. le marquis de Chennevières, directeur des Beaux-Arts, se formera la commission constituante de la Société Nationale des Artistes, son nom occupera la tête de la liste et obtiendra 313 voix tandis que le second élu, Fromentin, n'en réunira que 260. A l'ouverture du Salon de 1874, l'espoir d'une démonstration encore plus significative avait animé tous ses amis. Ils comptaient que la médaille d'honneur serait pour lui. Bien que flatté par la promesse de cette distinction, Corot s'était refusé, cependant, à tout conpromis pour l'obtenir. Il n'avait pas voulu écouter le conseil qu'on lui donnait d'exposer une de ses belles *figures (Fig. 259)*, objectant qu'il aurait l'air de solliciter une récompense qu'on s'obstinait à refuser à ses paysages [1]. Il revendiquait avec une coquette modestie sa spécialité, et son envoi se composa de trois poèmes champêtres sur les heures du jour : un *effet du matin, souvenir d'Arleux (Fig. 255)*, un *soir, souvenir de Mortefontaine*

[1] Conversation avec A. Robaut, janvier 1874.

Fig. 251. — Un soir à Mortefontaine. Salon de 1874.

Fig. 252. — Crécy-en-Brie, 1874.

Fig. 253. — Coubron, 1874.

Fig. 254. — Ville-d'Avray. 1874.

Fig. 255. — Souvenir d'Arleux. Salon de 1874.

Fig. 256. — Saint Sébastien, 1874.

*(Fig. 251)*, et un *clair de lune*. Mais, en face de lui, se dressa l'Institut, en la personne de Gérôme, avec l'*Éminence grise* et le *Rex Tibicen*. C'est à lui qu'allèrent les suffrages ; trois seulement se rallièrent sur le nom de Corot : ceux du peintre Busson, du graveur Boetzel et du critique Mantz. Ce déni de justice révolta les amoureux d'art qui tenaient Corot pour le chef vénérable de la peinture moderne et, sur-le-champ, ils préparèrent une protestation. Un comité se forma, dont la présidence fut confiée à un camarade d'enfance du maître, M. Marcotte, et qui s'occupa « d'offrir à Corot un témoignage d'affectueuse sympathie. » Des listes de souscription circulèrent en vue d'une médaille, dont l'exécution fut confiée à Geoffroy-Dechaume et dont la remise à son destinataire devait être l'occasion d'une manifestation artistique et amicale à la fois.

Ce Salon de 1874 avait vu le vieillard encore alerte et vigoureux d'apparence. Ernest Chesneau, l'écrivain d'art, parle de sa bonne mine et de sa solide carrure [1]. « Large, trapu, robuste dans une ample redingote en drap bleu de roi, le teint vif, rasé de frais, dans un col de chemise en toile solide émergeant d'une ample cravate en satin noir, l'œil clair et fin, bon et souriant sous le sourcil épais, la lèvre voluptueuse, bonhomme, moqueuse, le chapeau planté un peu en arrière sur la tête et découvrant un beau front encadré de cheveux blancs, il nous apparaissait, le vieux maître, rempli de jours et d'années encore ; il nous semblait appelé à la glorieuse longévité du Titien. » Corot passe le mois de mai à Ville-d'Avray, travaillant tous les jours, matin et soir, d'après nature *(Fig. 254)*. Robaut, qui lui rend de fréquentes visites, le trouve toujours à l'œuvre. Bien que l'été approche, la température est encore parfois assez âpre et, un jour, les mains du vieillard sont crispées par le froid. On s'étonne autour de lui qu'il soit capable de résister quand même. Mais il

[1] *Peintres et statuaires romantiques*. Charavay, éditeur, p. 281.

répond en souriant : « Du moment qu'on peut tenir ses pinceaux, cela suffit. Il ne faut pas se lasser de retourner à cette bonne nature. Si on la délaisse, on risque de n'être plus de ses amis. C'est une amante jalouse. Il est dangereux de s'éloigner d'elle ; car, après cela, on ne la retrouve plus le jour où on la désire. »

L'assurance de l'artiste s'accommode maintenant d'une compagnie nombreuse autour de son chevalet. Il cause tout en travaillant et, quand le hasard lui fournit l'occasion d'une plaisanterie, il ne la manque pas. Ainsi, un jour que Cléophas, debout derrière lui, a déposé à ses pieds son chapeau, il laisse échapper un pinceau, qui va tomber dedans et en macule le fond. Aussitôt, se sentant en humeur de rire, il esquisse dans le « tuyau de poêle » une manière de paysage et la tache accidentelle devient un nuage sur un ciel bleu figuré par la soie même de la coiffe. Tous les jours, il reçoit ses visiteurs à table ouverte et rien n'est plus charmant que ces réunions improvisées, où le travailleur se délasse par la conversation de son application à l'étude. A propos du Salon, il passe en revue les tableaux des confrères [1]. Français ne le contente pas ; il le trouve sec. Daubigny lui-même encourt sa critique. « Son champ de coquelicots est aveuglant. Il y en a trop ! » Par contre, il aime assez le grand tableau de Matéjko ; il y trouve de grandes qualités de conscience, des physionomies bien observées et très vivantes. Les portraits de Carolus Duran lui plaisent aussi par l'audace de leur coloris et, comme on lui fait observer que la vision de cet artiste est l'antipode de la sienne : « C'est peut-être bien pour cela, dit-il, que ça ne me déplaît pas. Vous vous rappelez M. Hersent, ce peintre timide et mièvre ? Il ne jurait que par Lepoitevin. Dieu sait cependant si la manière du fougueux paysagiste se rapprochait de la sienne ».

Vers la fin de mai, il quitte Ville-d'Avray pour Coubron, où

[1] Conversation avec A. Robaut, 19 mai 1874.

il a déjà fait plusieurs apparitions en mars et avril [2]. Il y passe
tout le mois de juin *(Fig. 253)*. C'est là qu'il est le plus tranquille
pour travailler, et il en profite. Du 1ᵉʳ au 15 juin, il termine huit
toiles de 25 ou de 30, qu'il livre, séance tenante, à Cléophas ou
à Tédesco. Le soir, il fait de nombreux fusains pour les mêmes
clients. Malheureusement, il ne prend jamais la précaution de
les fixer lui-même et certaines de ces belles improvisations
perdent leur fleur dans le transport. Une regrettable négligence
compromet de même la conservation de ses plus beaux dessins
de jeunesse qui traînent à Paris dans tous les coins de l'atelier,
s'effaçant et se maculant de taches. Ce n'est pas qu'il en fasse fi.
Bien au contraire, il les considère avec un juste orgueil. Lorsqu'on lui fait remarquer cette fâcheuse incurie : « Vous avez
raison, dit-il ; mais, que voulez-vous ? j'ai pris l'habitude, au
temps jadis, de me dire : Il restera toujours assez de ces misérables feuilles-là, puisque personne ne daigne jeter les yeux
sur elles. » Le 24 juin, Robaut va à Coubron, un bouquet à la
main, à l'occasion de la Saint-Jean-Baptiste. C'est ce jour-là
qu'on souhaite à Corot sa fête. Les habitués du lieu sont tous
venus offrir leurs vœux. Il y a là M. et Mme Détrimont, Bardon,
Tédesco, et aussi Oudinot, le maître d'œuvre de l'atelier cham-
pêtre où l'on est réuni. On festoie gaîment, et on boit à la chère
santé qui rallie tous les vœux.

Le 1ᵉʳ juillet, Corot suit Robaut, comme l'année précédente,
dans le Nord. Il séjourne d'abord une semaine à Arras, où il
retrouve, toujours avec le même plaisir, le parc de M. Bellon,
si fécond en beaux motifs. Desavary le conduit un jour à Béthune
et il ébauche une petite étude dans les environs de cette ville.
Puis, de Douai il rayonne dans les parages familiers d'Arleux
et de Sin-le-Noble et y glane son bien. Rentré à Paris le 20, il
repart le lendemain pour les environs de Rambouillet, à Galluis-

(2) Lettres à Mme Gratiot, du 26 février et du 8 avril 1874.

La-Queue, chez un certain Devé, un ami de la famille Dubuisson, dont il a fait connaissance naguère à Brunoy. La fête de
Mme Sennegon le ramène le 28 à Ville-d'Avray. Mais ce n'est
pas fini. Du 5 au 10 août, il est à Luzancy ; du 13 au 20, à Marcoussis ; du 23 au 30, à Crécy-en-Brie chez le peintre Eugène
Decan *(Fig. 252)*. Enfin, le 1ᵉʳ septembre, il part pour Sens. Il y
demeure une quinzaine et y fait plusieurs études, dont une à
l'intérieur de la cathédrale *(Fig. 260)*. Pendant qu'il y travaille,
le suisse rôde autour de lui, en le regardant du coin de l'œil.
Le dernier jour, comme il s'apprête à plier bagage, le bonhomme
l'apostrophe : « Mais, Monsieur, il manque quelque chose à votre
tableau ! — Quoi donc ? — Voyez plutôt... » et il va se planter à
quinze pas devant lui. « Oui, oui, vous avez raison, s'écrie alors
Corot ; avancez encore un peu : voyons... là », et, en quelques
coups de pinceau, le personnage est en place. La glace rompue,
l'artiste cause familièrement avec sa nouvelle connaissance : il
lui parle de sa carrière et de sa manière de faire, qui n'a pas
toujours été appréciée, parce qu'il n'a jamais voulu faire de
concessions au goût du public. Il explique : « Tenez, supposez
ici un peuplier... D'autres le peignent tout droit. Moi, non. Il
faut que je le fasse trembler dans le vent [1]. »

Au retour de ce voyage à Sens, la santé de Corot laisse beaucoup à désirer. Son estomac digère mal et le fait souffrir. Les
nuits sont mauvaises. Il appelle le médecin, qui l'engage à
fumer moins. Se sentant trop peu valide pour entreprendre de
nouveaux déplacements, il renonce aux projets formés pour
le reste de la saison, qui devaient le conduire successivement
(d'après l'itinéraire inscrit sur son carnet) à Mantes, à Saintry,
à Méry-sur-Seine, puis à Fontainebleau. Il va se reposer d'abord
à Ville-d'Avray, puis à Coubron, où il travaille tout doucement,

[1] Raconté par M. Marquet, suisse de la cathédrale de Sens, à M. Germain Hédiard, le
24 août 1889.

Fig. 257. — Biblis. Salon de 1875.

Fig. 258. — Les plaisirs du soir. Salon de 1875.

Fig. 259. — La dame en bleu, 1874.

Fig. 260. — La cathédrale de Sens. 1874

Fig. 261. — Mme Sennegon.

Fig. 262. — Médaille par Geoffroy-Dechaume.

en s'arrêtant souvent. Robaut, venu pour le voir le 2 octobre,
est frappé du changement qu'il constate dans sa physionomie :
pour la première fois, il a devant lui un vieillard. Le pauvre
homme se plaint du régime qu'on lui fait suivre et surtout du
rationnement auquel on l'oblige pour le tabac : quatre pipes
seulement par jour, au lieu des vingt-cinq ou trente auxquelles
il était habitué ! Malgré tout, il se cramponne à sa chère peinture. Il est en train d'exécuter une réduction de son *Saint
Sébastien (Fig. 256)*. Ce tableau, qu'il a offert en 1871 pour la
loterie au profit des Orphelins des victimes de la guerre, a été
racheté au gagnant par Robaut solidairement avec Durand-
Ruel. On a pu espérer un instant que l'État en deviendrait
acquéreur à son tour. Car, le 15 février 1874, Corot, à l'instiga-
tion des propriétaires de son œuvre, avait adressé à l'administration des Beaux-Arts une lettre par laquelle il proposait le
tableau pour 15.000 francs. Il offrait en même temps son *Dante
et Virgile* pour le même prix. Mais, l'État ne sait pas profiter
des occasions. Nul écho sympathique ne répondit à cette avantageuse proposition d'un artiste aussi désintéressé que génial.

Le 12 octobre, une triste nouvelle arrive de Ville-d'Avray.
Mme Sennegon se meurt. Corot court en toute hâte auprès de
sa sœur et, le 14 au matin, il reçoit son dernier soupir. Surmon-
tant son émotion, il a le courage de prendre un crayon et de
dessiner les traits de la défunte *(Fig. 261)*, comme il a fait jadis
pour son père. Mais ce coup achève d'abattre le pauvre homme,
déjà atteint par la maladie. Désormais, il ne fait plus que végéter.
Il a beau se soigner dans sa retraite de Coubron; il lutte sans
succès. Le mal fait des progrès effrayants. L'appétit a disparu.
L'alimentation ne se fait plus qu'au prix de grandes douleurs.
Les forces déclinent à vue d'œil. Le 25 novembre, il est à Paris.
Robaut vient le voir après son dîner. Il le trouve morose et
las. Adèle lui dit : « Monsieur devrait faire un tour ». Le visiteur

l'emmène. Ils entrent une demi-heure aux Folies-Bergère ; mais la fatigue dompte l'énergie du malade : il faut rentrer. Le lendemain (jeudi 26), son ami, passé pour prendre de ses nouvelles, le trouve assoupi sur un livre. Il s'est senti trop faible pour monter à l'atelier. Il s'ébroue pour serrer la main qui lui est tendue et sourit en montrant le volume qu'il tient entre les mains. C'est une étude d'Arsène Houssaye sur Léonard de Vinci, offerte par l'auteur avec cette dédicace : « Au Ruysdaël moderne ». Après quelques instants d'entretien, Robaut prend congé.

Le samedi, Corot retourne à l'atelier. Il y reçoit la sœur Maria, à laquelle il donne 300 francs en lui disant : « Vous vous faites trop rare ; il faut revenir plus souvent. » Robaut se trouvant là, il le prie de l'accompagner à Ville-d'Avray, où des affaires l'appellent. C'est un triste pèlerinage ; il n'a pas revu ces lieux depuis que sa sœur les a quittés. L'émotion fait couler ses larmes à la vue de la chambre déserte et il rentre à Paris avec la mort dans l'âme. Désormais, il se rend fort irrégulièrement à l'atelier. Le mercredi suivant, il n'est pas là pour recevoir, comme d'habitude, les visites. Ses amis Daubigny, Oudinot, Badin, Diéterle et Marcotte se présentent tour à tour. Robaut et Demeur leur communiquent leurs inquiétudes. Cependant, vers le milieu de décembre, une légère amélioration se produit. On revoit le peintre à son chevalet, achevant une *Danse de nymphes* qu'il a promise à Tédesco *(Fig. 258)*. Le 11, les docteurs Cambay et Gratiot, qui le soignent, provoquent une consultation du professeur Sée. L'excellent vieillard, s'adressant au médecin, lui dit : « Il faut tâcher de me conserver encore quelques années, docteur. J'ai une double tâche à remplir. D'abord, j'ai encore quelques tableaux à peindre ; et puis, surtout, il faut que je fasse beaucoup d'heureux autour de moi. » Le mieux se prolonge quelques jours encore après cette consultation. Le 29, Corot est à même de se rendre le soir au

Grand-Hôtel, où les amis qui ont préparé en son honneur une manifestation réparatrice de son échec pour la médaille d'honneur l'ont invité à venir recevoir, des mains de son vieux camarade Marcotte, celle que Geoffroy-Dechaume a gravée à son intention *(Fig. 262)*. Cela se passe fort simplement et sans vains discours. D'ailleurs, la maladie, qui a fait craindre jusqu'au dernier moment l'absence au rendez-vous du héros de cette fête intime, jette une ombre sur la réunion et l'attriste. Corot s'échappe très vite des poignées de mains amicales et rentre au logis plus souffrant que jamais. Il n'y a plus de doute : il est perdu.

XIII

## LES DERNIERS JOURS ET LA MORT

(31 décembre 1874 — 22 février 1875)

Le 31 décembre, M. et Mme Robaut ayant été lui présenter
leurs vœux avant de partir pour le Nord, où ils vont passer le
1er janvier en famille, sont frappés du changement de sa physionomie. « Hélas ! leur dit-il avec un soupir, ce n'est plus le temps où
je vous accompagnais là-bas ! » A son retour, le 5 janvier, son ami
le trouve un peu mieux. Il s'est remis au travail et achève les
tableaux qu'il destine au Salon. Robaut lui ayant soumis des
calques faits par lui sur plusieurs de ses tableaux, il s'y intéresse et prend un crayon pour en retoucher quelques-uns.

Le 6, il écrit à son élève Auguin une charmante lettre,
encore pleine de vie et de bonne humeur :

Paris, ce 6 janvier 1875.

, Mon cher ami,

Je vous remercie de votre bonne lettre. J'y ai été bien sensible et je
vous dis, pour vous, pour Madame et pour les élèves de l'atelier, tous
mes compliments et souhaits pour la nouvelle année. Les *souvenirs*
sont en train ; seulement, je suis souffrant depuis deux mois ; ça retarde
beaucoup mes opérations. Espérons que les princes de la science, aidés par
Notre Seigneur, vont débarrasser le pauvre nègre de son affaiblissement.

Oui, nous avons été bien éprouvés tous deux en même temps. Courage,
et mettons de tout ça dans nos peintures !

Je vous embrasse bien tous.

C. Corot.

Ce « Mettons de tout ça dans nos peintures » est divin. Et l'on songe avec mélancolie, en le lisant, au grand et bon vieillard arrosant de ses larmes l'œuvre immortel fait pour notre joie.

Trois jours plus tard, il se sent assez valide pour projeter encore un voyage à Coubron et il s'annonce comme ceci à Mme Gratiot :

> Paris, le 9 janvier 1875.
>
> Madame et amie,
>
> C'est donc lundi que je me précipite dans vos bras. Nous chercherons du bois et de l'appétit dans les forêts.
>
> Tout à vous.              C. Corot.

C'est toujours le même humour. « Le bûcheron va bientôt vous rejoindre et retourner au bois », disait-il, en parlant de lui-même dans une autre lettre [1]. Mais, hélas, son énergie a beau lutter; le mal est impitoyable et l'espoir, à certaines heures, l'abandonne. Il a des mots comme celui-ci : « On m'assure qu'il faudra deux mois pour que l'appétit revienne. J'aimerais mieux qu'on me parlât d'un délai plus long. J'aurais plus de confiance. » Mais il s'oublie lui-même pour s'occuper des épreuves d'autrui. Il apprend la mort de Millet et le dénûment de sa veuve. Il veut avoir le privilège de mettre un peu de bien-être dans cet intérieur désolé et donne dix billets de mille francs à un ami pour les porter à Barbizon.

Le 25 janvier, il rentre de Coubron pour une nouvelle consultation, qui doit avoir lieu le jour même. Quand il descend de voiture, le concierge est effrayé de sa mine. Les médecins sont très inquiets de son état. Cependant, il fait toujours bonne contenance et voici en quels termes il donne de ses nouvelles à Mme Gratiot :

[1] Lettre à Mme Gratiot, 1ᵉʳ décembre 1874.

Paris, ce 26 janvier 1875.

Madame et amie,

La consultation a eu lieu. Il a été décidé par l'aréopage que la cure serait au lait de vache seul. Deux litres par jour. Ainsi, voilà mes affaires de février arrêtées. Espérons que l'on me débarrassera et que je pourrai rechanter des romances.

Souvenir à M. le curé, et recevez, Madame, mes meilleurs compliments.                                           C. Corot.

A partir de ce moment, Robaut, dont la pieuse sollicitude veille auprès du maître, enregistre jour par jour les progrès de la maladie. Je transcris ses notes :

*Mercredi 27 janvier.* — Je vais à l'atelier. J'y trouve Demeur seul. Il me raconte que, la veille, M. Corot s'est jeté dans ses bras en pleurant. Le docteur Cambay entre tandis que je suis là et ne nous cache pas la gravité de la situation. — Je me rends faubourg Poissonnière. Je trouve le maître encore couché à 10 heures. Il m'accueille et cause ; mais, plusieurs fois, ses yeux se mouillent de larmes. — L'après-midi, il sort en voiture pendant une heure ou deux, accompagné par Bardon.

*Jeudi 28.* — Le docteur Cambay opère une ponction, d'après l'avis de ses confrères. Le malade souffre beaucoup. Il reste couché, quoique habillé. Cependant, la nuit a été bonne. — M. Corot me montre une lettre qu'il a reçue de Florence et dans laquelle on lui demande son portrait pour le Musée des Offices. Je lui conseille d'offrir celui qu'il a peint lui-même vers 1835. Il se rallie à mon avis, après avoir hésité à lui préférer un portrait d'après sa personne par Alexandre Bouché.

*Vendredi 29.* — M. Corot, étendu sur son lit, cause avec moi. « Vous n'avez pas idée de ce que je vois à faire de nouveau ! J'aperçois des choses que je n'ai jamais vues. Il me semble que je n'ai jamais su faire un ciel ! Ce que j'ai devant moi est bien plus rose, plus profond, plus transparent ! Ah ! que je voudrais vous montrer ces immenses horizons ! » Et, les yeux en l'air, il se passe l'index sur le front. Il insiste sur la nécessité de la *personnalité* pour un artiste. « Que, dans la rue, on confonde notre personne avec celle du marchand de vin du coin ou du charbonnier d'à côté, rien de mieux. Mais il faut que, dans nos ouvrages, on nous reconnaisse et qu'on nous distingue du voisin au premier coup d'œil. » La causerie prend un tour philosophique et M. Corot dit encore : « J'ai lu quelque part que la terre est le produit du choc d'une comète avec le soleil : la comète en aurait détaché des parcelles et les planètes seraient des morceaux du soleil. Eh bien, je me figure que les hommes, à leur tour, ne sont autre chose que des parties détachées d'une intelligence supérieure et infinie. »

*Samedi 30.* — J'entre à 1 h. 1/2 dans la chambre du malade. Il se levait et cherchait ses pantoufles restées dans son lit. Lorsqu'il s'est retourné pour voir qui entrait, sa maigreur et son teint livide m'ont bouleversé. La bonne Adèle a retrouvé les chaussons et j'ai offert au cher maître le petit bouquet que je lui apportais. « Est-ce beau, ce vert ! » a-t-il dit en regardant le réséda qui accompagnait les roses. Il m'a prié d'ouvrir une petite boîte sur la table et d'y prendre des billets pour Pasdeloup et pour le Conservatoire, qu'il m'a offerts. J'étais là depuis quelques instants lorsqu'on a annoncé M. le curé de Saint-Eugène. Le prêtre s'informant de sa santé, M. Corot lui a répondu : « Voyez-vous, M. le curé, je suis très ennuyé d'être obligé de m'occuper comme cela de mon pauvre corps. L'homme ne devrait être qu'un pur esprit. » J'ai pris congé en promettant de revenir le soir. — A 8 heures, nous sommes réunis, Demeur et moi, auprès de sa chaise-longue et il nous regarde faire une partie d'écarté, puis nous assistons à son coucher. Les jambes sont un peu désenflées ; mais il est très faible.

*Dimanche 31.* — Je vais chez M. Corot à 4 h. 1/2, en sortant du Conservatoire. La nuit a été encore assez bonne. Il est étendu sur son lit : sa nièce, Mme Chamouillet, est à côté de lui. Il se lève pour me recevoir et se jette sur sa chaise-longue. Il est un peu plus gai et s'efforce même de chantonner. Il s'informe du concert. Je lui dis le programme : il trouve qu'à présent, on abuse des concertos. Tandis que je suis là, Lavieille vient un instant et, au moment où je m'en vais, à 6 heures, le docteur Cambay arrive.

*Lundi 1ᵉʳ février.* — M. Corot n'a pas passé une mauvaise nuit ; il va plutôt un peu mieux.

*Mardi 2.* — Il est plus souffrant. Grand échauffement, qui oblige à des remèdes pénibles. Adèle est admirable de dévouement. On cause de Millet et du don que M. Corot vient de faire à sa veuve. « On est si heureux, dit-il, de pouvoir faire un peu de bien autour de soi ! »

Fig. 263. — **La chambre mortuaire de Corot, 56, faubourg Poissonnière, 23 février 1875.**

Fig. 264. — **L'atelier de Corot, 58, rue Paradis-Poissonnière, février 1875.**

Fig. 265. — La gloire. Croquis par Corot, vers 1855.

Fig. 266. — Corot, vers 1867.

Fig. 267. — Monument de Corot, à Ville-d'Avray.

Fig. 268. — Sépulture de Corot au cimetière du Père-Lachaise.

*Mercredi 3.* — J'ai vu M. Corot un instant. Son teint m'a semblé moins mauvais. Il a dormi cinq heures la nuit dernière.

*Jeudi 4.* — Je passe une demi-heure auprès de lui. Il est sur sa chaise-longue et fume sa pipette. Il en fume une et demie par jour en trois fois. M. Marion, son neveu, est là et Bardon est à côté, dans le salon. Nous causons de choses et autres, et l'on parle du tunnel sous-marin, dont il est question dans les journaux. M. Corot s'extasie sur l'activité humaine, qui ajoute encore aux merveilles de la création. Comme on vient à prononcer le nom de Calais, qu'il ne connaît pas, il exprime son désir de voir cette ville, ainsi que le port de Wissant, dont je lui ai souvent parlé.

*Samedi 6.* — Je ne fais qu'entrevoir M. Corot. Il a été très fatigué la veille. «On est venu ici, hier soir, comme en soirée, dit-il. Je n'osais pas me coucher; et pourtant, j'étais brisé. Dans la journée, j'ai vu aussi beaucoup de monde. Ah! il faudra qu'Adèle finisse par dire que je suis couché et que je dors; car je n'en puis plus. J'ai besoin d'un repos absolu pour sauver ma pauvre carcasse! » En parlant ainsi, il me fait peur, avec ses grands yeux qui envahissent ses joues, sa barbe qui commence à pousser, et aussi sa voix qui s'éraille. Je le quitte bien vite. Il a devant lui des papiers d'affaires, des factures qu'il ordonne de payer.

*Dimanche 7.* — Je me borne à prendre des nouvelles auprès du concierge. Il me dit : « M. Corot va un peu mieux. » Mais c'est une consigne.

*Lundi 8.* — Le cher maître ne s'est levé qu'un instant le soir, le temps qu'on fasse son lit. On n'a reçu personne que la famille, les docteurs Gratiot et Cambay, Daubigny, le curé de Saint-Eugène et une religieuse. M. Corot a prié M. Gratiot de dire au curé de Coubron de venir le voir. Il ne se dissimule pas la gravité de son état.

*Mardi 9.* — Je vais faubourg Poissonnière à 9 h 1/2. Je trouve le malade bien abattu, bien affaissé. Il attribue l'aggravation de son mal au mauvais temps qu'il fait. Puis il parle du carnaval : car c'est le mardi-gras. « On ne voit plus de masques dans les rues à présent; c'est fini depuis qu'on a supprimé le bœuf-gras ». Il regrette les naïfs amusements du temps passé et se met en colère contre ceux qui n'en veulent plus. « Les gens d'aujourd'hui préfèrent aller flâner à la terrasse des cafés. » La maladie le pousse au paradoxe et il s'écrie : « C'est tout cela qui me tue ! » Il consent à prendre connaissance du prospectus de l'ouvrage que je veux consacrer à son œuvre et il me remercie de mon entreprise. Je prends sa main et je l'embrasse.

*Mercredi 10.* — J'entre dans la chambre et trouve M. Corot les yeux fermés. Quand il les ouvre, il me tend la main. Je lui parle de sa *Biblis.* Il me dit : « Il paraît qu'on en est assez content. » Puis, il referme les yeux, et je sors. A 6 heures, il a pris une petite tasse de lait. A 9 heures, on lui en donne une autre, qu'il ne peut conserver. Aussi, à 11 heures, quand on lui parle d'en reprendre, il refuse. Le docteur Cambay doit faire une nouvelle ponction ce soir.

*Jeudi 11.* — Adèle me dit : « Monsieur va assez bien ce matin ; il est gai ; il a reçu le bon Dieu des mains de M. le curé de Saint-Eugène. Hier, M. le curé de Coubron était venu le confesser et il avait écrit à son confrère pour lui dire de venir aujourd'hui. En sortant d'ici, M. le curé de Coubron disait : " Quel homme ! Je n'en ai jamais vu de pareil ! » — A 10 heures, les trois médecins sont venus et ont tiré de son pauvre corps onze litres d'un liquide sanguinolent, qui ballonnait le ventre. Pendant l'opération, le cher malade avait la force de plaisanter et disait aux médecins : « Vous voulez donc m'accoucher ? » Toutefois, il a failli se trouver mal et on lui a fait prendre quelques gouttes de vin. — La porte est absolument consignée.

*Vendredi 12.* — Adèle dit que cela ne va pas plus mal. M. Corot a pris un peu de bouillon sans dégoût.

*Samedi 13.* — État stationnaire. Daubigny l'a vu et lui trouve bien triste mine.

*Dimanche 14.* — M. Stanislas Baron s'étant présenté à la porte de sa chambre, le malade a échangé avec lui quelques paroles, puis s'est retourné vers le mur. A la vue de Mme Gratiot, il s'est mis à pleurer. Malgré son extrême faiblesse, M. le docteur Cambay lui présente une toile à signer.

*Lundi 15.* — Je vois Adèle. Elle me dit que « ça va fort doucement ». Il est toujours assoupi.

*Mardi 16.* — J'ai été reçu un instant. M. Corot m'a accueilli par ces mots : " Il paraît qu'il faut que je patiente jusqu'au 20 mars. C'est bien long ! J'ai besoin d'air : grand besoin d'air ! J'étouffe ! » Adèle a apporté une tasse de bouillon. Le malade en a bu quelques gorgées. Mais cela paraissait lui causer de la douleur. Cela faisait mal à voir. On entendait le liquide tomber comme dans le fond d'un puits. Il avait auprès de lui un petit panier garni de mousse et de lierre, qu'un ami lui avait offert. Il a jeté les yeux dessus et, retrouvant un peu de forces pour admirer la nature : « Heureusement, a-t-il fait, qu'il nous reste *ça* pour nous soutenir jusqu'au bout ! »

*Mercredi 17.* — Je me rencontre à 3 heures, dans la salle à manger, avec Daubigny, Demeur et Oscar Simon, qui causent avec Adèle. On dit que le malade a mangé avec peine une côtelette hachée très menu, arrosée de bière anglaise ; le petit repas a duré une bonne demi-heure ; puis, il s'est assoupi. Tandis que nous sommes là, on entend le pauvre homme qui appelle Adèle et lui demande à boire. Daubigny entre derrière elle et revient aussitôt.

*Jeudi 18.* — Cela ne va pas du tout. Le malade refuse toute nourriture et sommeille tout le temps.

*Vendredi 19.* — Je vais, le matin, savoir des nouvelles. Adèle me répond : « C'est toujours la même chose. » Elle entre-bâille la porte de la chambre. « Il a les yeux ouverts, dit-elle ; entrez. » Je ne fais qu'entrer et sortir. La figure est méconnaissable ; l'œil est triste et exprime la souffrance.

*Samedi 20.* — De plus en plus mal. Hier soir, il a eu des vomissements terribles, qui ont recommencé ce matin. Il refuse toujours de s'alimenter. Quand Adèle lui a dit : « Il faut pourtant bien vous soutenir », il a répondu : « Me soutenir ? Et pourquoi faire ? Je n'ai plus qu'à m'en aller à présent. » Il ne veut plus voir personne du tout.

*Dimanche 21.* — C'est l'agonie : une agonie lente, avec un petit mouvement de temps à autre, mais pas une parole.

*Lundi 22.* — Je fais prendre des nouvelles vers 9 heures du soir. On répond : « Encore là ». A 11 heures, il pousse un grand soupir. Ses neveux, MM. Chamouillet et Lemarinier, qui sont dans le salon, se précipitent dans sa chambre. Quelques minutes après, tout est fini ! (*Fig. 263*)

Le service funèbre fut célébré le 25 février en l'église Saint-Eugène, rue Sainte-Cécile. Le deuil fut conduit par les neveux du défunt [1].

Voici en quels termes le *Journal des Débats*, par la plume de Viollet-le-Duc, rendait compte, le lendemain, de la cérémonie :

[1] Le billet de faire-part portait : De la part de Mme Vve Joseph Chamouillet ; de M. Henri Sennegon ; de M. et Mme Georges Lemaistre ; de M. et Mme Marion et leur fille ; de Mme Charmois ; de M. et Mme Lemarinier et leurs enfants ; de M. et Mme Léon Chamouillet et leurs enfants ; de M. et Mme Jules Chamouillet et leurs enfants ; de M. Émile Corot et son fils, ses neveux, nièces, petits-neveux, petites-nièces, arrière-petits-neveux et petites-nièces.

« Nous venons d'assister aux obsèques du regretté peintre Corot. On lui a fait les funérailles des plus hauts personnages, moins l'appareil officiel et la pompe militaire. La popularité que lui avait attirée son grand talent et son beau caractère avait rassemblé autour de la maison mortuaire et de l'église Saint-Eugène une foule immense. La circulation des voitures avait été interdite dans les rues avoisinantes et pendant le parcours du cortège; depuis le n° 56 de la rue du Faubourg-Poissonnière jusqu'au porche du temple, se pressait le long des trottoirs un public plein d'émotion et de respect. Le cercueil était couvert de fleurs et la médaille d'or qui avait été frappée en l'honneur de Corot par une souscription de ses amis et de ses élèves reposait sur un coussin de velours, à côté de la croix d'officier de la Légion d'honneur. En peu d'instants, les trois nefs de l'église ont été remplies. Les tribunes latérales étaient à l'avance occupées, surtout par des dames vêtues de deuil.

Nous avons rarement vu de cérémonie plus imposante et plus touchante que le début de ce service, où chacun venait porter les témoignages d'estime, d'affection, de regrets que le grand artiste avait si bien mérités. Malheureusement, un incident fâcheux, douloureux, est venu le troubler. Après le *Credo*, et au milieu du recueillement général, M. le curé de Saint-Eugène est monté en chaire. Bien qu'un peu surprise (on n'a pas coutume d'entendre prononcer de discours dans l'église, même aux cérémonies funèbres), l'assistance s'attendait à l'annonce d'une nouvelle œuvre de bienfaisance faite par Corot en faveur des pauvres de la paroisse. Il n'en fut rien. Ce n'était ni une oraison funèbre, ni un sermon que venait prononcer M. le curé, ni même un simple hommage rendu aux douces vertus du défunt; c'était un réquisitoire. Après avoir annoncé que Corot s'était confessé le 6 février et avait reçu la communion quelques jours après, il ajouta : « J'ai parcouru hier tous les journaux imprimés à Paris et, dans le concert d'éloges qu'ils donnaient à l'artiste et à l'homme, un seul a déclaré que le défunt était spiritualiste; pas un seul n'a osé avouer qu'il a fini en chrétien. Voilà le signe du temps, la marque de la dégradation des âmes... » Ici, il y eut quelques légers murmures dans l'auditoire et beaucoup de marques d'impatience... L'admonestation de M. le curé de Saint-Eugène était au moins inutile. Tous ceux qui étaient là connaissaient bien Corot. Ils n'ont pas eu besoin de consulter les journaux pour savoir qu'il est mort en bon catholique. Ils savent qu'il a vécu en chrétien, dans la plus belle acception du mot, charitable et bienveillant comme l'Évangile.

Un autre incident est venu mettre fin au désordre causé par cette malencontreuse harangue. Une pauvre folle, excitée sans doute par le tumulte, s'est levée sur sa chaise et a poussé des cris perçants, qui ont détourné l'attention de l'assemblée. M. le curé de Saint-Eugène s'est alors décidé à quitter la chaire, puis le service a continué. Cependant, le *Requiem*, chanté par Faure (c'était une adaptation par Elwart de l'*andante* de la symphonie en *la* de Beethoven, pour lequel Corot avait une prédilection marquée) n'a pas réussi à calmer l'excitation des assistants.

Après la messe, le char funèbre a pris le chemin du cimetière de l'Est (1), suivi par la même foule. Quatre paysagistes tenaient les cordons du poêle : MM. Jules Dupré, Oudinot, Lavieille et Karl Daubigny : ce dernier remplaçait son père, malade.

M. de Chennevières, directeur des Beaux-Arts, a prononcé sur la tombe d'éloquentes et nobles paroles. »

Ce discours du marquis de Chennevières fut un touchant hommage à l'homme « dont la longue vie avait été heureuse dans sa sérénité, dont le cœur avait été un cœur d'or, dont la bonne âme, toujours gaie et toujours souriante, n'avait jamais été effleurée par l'envie, et dont la charité, de tous les instants, s'était montrée intarissable ». Il salua l'artiste « qui avait su peindre l'âme de la nature,... le bonhomme qui avait loué, dans des œuvres immortelles, les cieux, les oiseaux et les arbres du bon Dieu. »

(1) La tombe de Corot *(Fig. 268)* a pour voisine celle de Daubigny qui, décédé deux ans environ après son ami, a désiré reposer auprès de lui. Daumier aussi est enterré tout près d'eux : mais aucun monument ne distingue sa sépulture.

## XIV

## TRENTE ANS D'APOTHÉOSE

(1875-1905)

Des regrets unanimes éclatèrent de toutes parts dans la presse. La page la plus éloquente fut écrite par un peintre, Gustave Colin, qui analysa, en connaisseur et en praticien, la personnalité de son maître [1]. Il parla de « la mélodie des lignes, sûrement soutenue par la justesse harmonique des valeurs », du « rythme de la forme » opposé par Corot aux vaines conventions du « style » académique, de son culte pour la nature et, à ce propos, il eut ce mot heureux : « Ce qu'il cherchait a peindre, ce n'est pas tant la nature que l'amour qu'il avait pour elle. » Il le représenta « aimant l'arbre et la plante en amant, » disant du nuage : « On doit le caresser comme une épaule de femme. » Il écrivit encore : « Ce fut un artiste entier et net dans sa volonté, un grand maître dans l'art d'ordonnancer et de construire un tableau et un peintre simple, parce qu'il n'y a pas de bel art sans simplicité. » Vantant ses formules claires et synthétiques, il se plut à reconnaître en lui un type bien marqué du génie de notre race et rapprocha son esthétique de celle de notre grand Racine. Après avoir constaté que son lot fut « de charmer et de dire beaucoup en peu de mots », il le montra enfin « semant à pleines mains les trésors d'une imagination rafraîchie chaque été aux

[1] *L'Événement,* 23 mars 1875.

sources vives de la nature » et « créant cette œuvre saisissante, originale, amoureuse, dont une science profonde n'altéra jamais la radieuse simplicité ».

Les héritiers de Corot trouvèrent intact le patrimoine qu'il tenait de son père et qu'il avait à cœur de transmettre aux siens tel qu'il l'avait reçu. Malgré ses innombrables libéralités, il gagnait tant d'argent sur la fin de sa carrière que son bien, loin d'avoir diminué, s'était sensiblement accru. La vente de son atelier *(Fig. 264)* ajouta encore un peu plus de 400.000 francs à son héritage. Elle commença le 26 mai 1875, sous la direction de MM. Boussaton et Baubigny, commissaires-priseurs, et de MM. Durand-Ruel et Mannheim, experts. Elle dura jusqu'au 9 juin. Outre les œuvres de Corot lui-même, dont les tableaux, études, esquisses, dessins, albums et croquis comprenaient 602 numéros, on vendit sous la rubrique « Collection particulière de M. Corot » une quantité de tableaux, dessins, gravures et objets divers (plus de 300 numéros). La camaraderie et la munificence avaient formé cette « collection » de Corot, où l'on trouve simultanément Daumier et Aligny, Jongkind et Lapito, Jules Dupré et Léon Fleury. La composition de cette « galerie » ne saurait fournir d'indications sur les goûts de son propriétaire qui, dans ses acquisitions ou ses échanges, obéissait bien plûtôt à des raisons de sentiment qu'à des considérations purement artistiques.

En même temps que l'atelier de Corot se dispersait sous le marteau des commissaires-priseurs, ses amis réunissaient un certain nombre de ses œuvres éparses chez les amateurs ou dans les musées et les exposaient dans les salles de l'École des Beaux-Arts. La présidence du comité d'organisation fut confiée, à la fois, à Français, en sa qualité d'élève et de camarade de Corot, et au baron Taylor, comme représentant de la Société fondée par lui, laquelle devait bénéficier d'une part de la recette, le reste étant affecté à un monument commémoratif. Elle fut inaugurée le 29 mai. Le catalogue, qui donnait la nomenclature des 225 toiles exposées, était accompagné d'une préface écrite par Philippe Burty, un fervent du maître, dont l'admiration prit une forme éloquente et poétique.

Cette manifestation offrait du talent de Corot les exemples les plus variés. L'origine en était marquée par deux de ses plus fameuses études d'Italie : *le Colisée (Fig. 14)* et *le Forum (Fig. 13)*, destinées par leur auteur à prendre place un jour au Louvre et qui portaient de sa main, au verso, cette dédicace de forme archaïque : « au Muscum ». Le terme opposé se rencontrait dans les trois tableaux qui figuraient, cette année-là même, au Salon du Palais de l'Industrie : *Biblis (Fig. 257)*, *Les Plaisirs du soir (Fig. 258)* et *Les Bûcheronnes*. Ces compositions, dont la troisième avait été signée par Corot sur son lit de mort, étaient son chant du cygne. On peut dire qu'il y avait épuisé son dernier souffle. Elles ne furent pas, à l'exposition, l'objet d'un placement spécial et distinctif en rapport avec la haute personnalité de l'illustre défunt. Ses confrères laissèrent échapper l'occasion d'honorer sa mémoire comme elle le méritait. La faveur croissante du public la dédommagea.

Corot mort, le prix de ses tableaux doubla. On rechercha surtout ceux où la nature était parée du prestige de l'imagination. Leur imprécision vaporeuse fut considérée désormais comme la caractéristique du maître ; personne ne songea plus à la critiquer comme une faiblesse et une imperfection. La spéculation se mit de la partie et l'œuvre gigantesque de Corot devint insuffisant pour satisfaire le nombre énorme des amateurs. Les copistes et les pasticheurs entrèrent en scène. De son vivant déjà, et avec son propre aveu, des peintres tels que Devillers et Morel-Lamy, entre autres, faisaient métier de copier ses tableaux ; le pinceau complaisant du créateur authentiquait ces répliques par quelques touches personnelles et décisives. Lorsqu'il ne fut plus là pour achever ses Sosies, on continua d'en produire quand même. La hausse de la marchandise suscita des faussaires, pour lesquels une fausse signature devint monnaie courante. Ils en décorèrent, au fur et à mesure qu'elles paraissaient sur le marché, les innombrables copies faites d'après Corot par ses élèves ou ses camarades. Dieu sait si le nombre en était grand. Le maître ne refusait à personne l'aumône de cet enseignement et on peut lire sur un de ses carnets plus de soixante noms d'artistes en regard desquels est notée l'indication d'une ou plusieurs études prêtées par lui. Parmi les bénéficiaires de cette manne fortifiante, citons particulièrement Français, Lavieille, Dutilleux et son gendre Desavary, Oudinot, Badin, Fleury, Leleux, Étex. Confiées à ces hommes-là, les précieuses toiles ne risquaient rien : elles rentraient régulièrement au logis. Malheureusement, d'aucunes tombèrent entre des mains moins scrupuleuses et paraissent s'y être égarées. Ce qui est plus grave encore, c'est qu'il se trouva des dépositaires de ces peintures assez peu respectueux pour se permettre de promener un pinceau sacrilège sur le travail du maître et pour abâtardir de la sorte plus d'une de ses œuvres. Ainsi fit un certain Prevost. Ce personnage s'était fait bienvenir de Corot en mettant à son service une certaine habileté pour rentoiler les études et réparer, au besoin, leurs avaries. Il profita de cette bienveillance pour accumuler chez lui une très grande quantité de ses toiles qu'il copiait et, que trop souvent aussi, il avait la coupable audace de retoucher, voire même de signer du nom de Corot quand elles ne l'étaient pas.

Combien d'autres ont abusé, dans un esprit de supercherie, de ces cinq majuscules, du jour où elles ont valu de l'or ! Corot avait provoqué des imitateurs plus ou moins ingénieux de ses atmosphères brumeuses et de ses frondaisons flóues. On démarqua impudemment ces pastiches pour en faire des Corots.

Le peintre Trouillebert dut une célébrité momentanée à la frau-
duleuse transformation d'une de ses œuvres par un faussaire.
Vendu pour un Corot à Alexandre Dumas, qui l'accrocha dans
sa galerie, et reconnu par son auteur qui en revendiqua la paternité devant les tribunaux, le tableau en question fut l'objet
d'une cause célèbre, qui éclaira le public sur la honteuse industrie née de la vogue du grand paysagiste, mais ne l'arrêta point.
Les collectionneurs de signatures illustres ne sont-ils pas les
complices des duperies infligées à leur ignorance et à leur
vanité ?

Les détracteurs de Corot tirèrent argument du triomphe des
faussaires contre l'art du peintre. C'est ainsi que, sous la plume
d'About l'on trouve, à propos de l'affaire Trouillebert, les lignes
suivantes : « Si Corot, Daubigny et les autres paysagistes à la
mode avaient été de vrais dessinateurs, si le plus clair de leur
talent n'était pas en surface, s'ils ne séduisaient pas le public par
des qualités de pur *chic*, assez faciles à contrefaire, les fraudeurs
du marché spécial de la peinture ne prendraient pas la peine
fabriquer de faux Corot et de faux Daubigny [1]. »

La consécration que la gloire posthume de Corot était en
droit d'attendre de l'Exposition Universelle de 1878 fut contra-
riée par le défaut d'abnégation des vivants à l'égard des morts.
L'égoïsme du jury ne sut pas sacrifier son intérêt personnel à
l'hommage que réclamait un des plus grands artistes de la
France. « Les Corot sont accrochés par charité dans les angles »,
écrivait Burty et il flétrissait, dans la *République Française* [2],
l'administration et les artistes de n'avoir pas su honorer le
maître regretté en groupant ses œuvres et en leur donnant une
place de choix. Toute la presse indépendante protesta avec ensemble contre l'indélicatesse de ce traitement, renouvelé du

(1) *Le XIXᵉ Siècle*, 30 décembre 1883.
(2) *République Française*, 13 mai 1878.

Salon de 1875, et que Daubigny, cet autre illustre défunt, avait
partagé avec Corot. Elle regretta en même temps, pour la réputation de l'école française, l'absence, dans les galeries du Champ-
de-Mars, de Millet, de Rousseau, de Diaz et la représentation
insuffisante du grand talent de Courbet.

Une éloquente manifestation appuya ces protestations par
l'autorité de l'exemple. Le 8 juillet 1878 s'ouvrit chez Durand-
Ruel, dans les salles de la rue Lepeletier, une « exposition
rétrospective de tableaux et dessins des maîtres modernes » em-
pruntés à des collections privées. Elle comprenait environ
90 tableaux de Corot, 60 de Millet, 21 de Delacroix, et, à côté
de ces trois grands noms, figuraient Daubigny, Rousseau, Diaz,
Decamps, Barye, Fromentin, Ricard, Courbet, Troyon et Chintreuil. Pour Corot, ce fut un triomphe. Un choix judicieux de
ses œuvres montra la variété et la souplesse de son talent, si
injustement accusé de monotonie par des observateurs frivoles
et superficiels. En regard de ses paysages, quelques-unes de ses
figures témoignèrent de son aptitude à sortir du domaine exclusif où d'autres prétendaient encore le confiner. Cette exposition
enthousiasma la jeune génération des peintres qui marchaient
à la conquête de l'atmosphère et qui, dans leurs libres recherches, se réclamaient de ce grand impressionniste d'avant-garde.
Ils puisaient dans son exemple la force de caractère nécessaire
pour persévérer sans concessions dans l'étude sincère de la
nature. N'était-on pas encore obligé de rompre des lances pour
faire entendre que le mérite de l'art de Corot résidait, avant
tout, dans le dessin ? L'enveloppe aérienne dont il savait parer
les heures indécises du jour donnait le change aux gens à courte
vue. L'un des fervents du maître, dessinateur de race lui-même,
dont le crayon acéré excella à suivre une forme et à la préciser
volontairement. Degas, racontait qu'un jour où il s'était rencontré avec Gérôme dans l'atelier de Frémiet, il avait exprimé, dans

la conversation, son admiration pour le dessin de Corot. « Vraiment, lui demanda-t-on, vous trouvez que cet homme-là sait dessiner un arbre? — Certes, répondit-il, et même je l'estime encore supérieur dans ses figures. » A ces mots, Gérôme prit le parti de rire comme d'une mystification. — Cette anecdote se passe de commentaires.

Cependant, cinq ans après la mort de Corot, sa mémoire recevait la consécration officielle d'un monument *(Fig. 267)*. Le comité qui avait organisé son exposition posthume ouvrit une souscription à cet effet. La direction des Beaux-Arts s'intéressa au projet et fournit le marbre au sculpteur Geoffroy-Dechaume, choisi pour l'exécution de la stèle commémorative qui s'éleva sur les bords de l'étang de Ville-d'Avray, à quelques pas de la demeure même du maître. L'inauguration en eut lieu le 27 mai 1880. La cérémonie fut présidée par le sous-secrétaire d'État des Beaux-Arts, Turquet. Gambetta, alors président de la Chambre, vint, en voisin, des Jardies, s'asseoir à côté du représentant du Gouvernement. L'éditeur Lemerre, devenu le propriétaire de la maison de Corot, les réunit à sa table, au milieu d'un cercle d'artistes et de poètes. Plusieurs discours furent prononcés. Après le ministre, Français prit la parole. Le doyen des élèves de Corot, qui l'avait connu luttant contre l'indifférence générale et dont les succès personnels avaient devancé ceux de son maître, salua l'ami dont il avait pu se croire jadis le rival, mais dont la gloire solidement établie faisait pâlir dorénavant sa réputation éphémère. Il trouva dans son cœur de vieil artiste des expressions éloquentes par leur justesse. Il dit que la peinture de Corot, « légère et aérienne », était encore « sonore et musicale ». Il le loua d'avoir « fait oublier le côté matériel de son art, le métier ». Il le nomma « le Rembrandt du plein air ». En terminant, il donna rendez-vous à tous les « amoureux du beau et du vrai » et les invita à venir, chaque printemps, « se retremper dans le cordial et vivifiant souvenir du maître », parmi le chant des oiseaux, en face du réveil de la nature. Les discours achevés, la jeunesse gracieuse de Mlle Baretta, de la Comédie-Française, parut au pied du monument, portant une gerbe de fleurs, qu'elle y déposa après avoir prêté le charme de sa voix à une pièce de vers, écrite pour la circonstance par François Coppée. La fête se termina, le soir, par un banquet. Ce fut l'occasion pour Gambetta d'improviser, selon l'expression de Paul Bourget [1] qui était parmi les convives, « un toast philosophique », d'où la politique fut bannie et dans lequel il parla en termes vibrants « de ces temples supérieurs de l'art où se réconcilient les mesquines rivalités humaines ».

L'année suivante, une partie de l'assistance, docile au conseil de Français, revint en pèlerinage devant l'image de marbre. Mlle Baretta, en robe printanière, répéta encore une fois les stances du poète. C'était le soir. Le soleil disparaissait derrière les collines boisées. L'heure ramenait les harmonies chères à Corot. Son souvenir planait sur la foule émue. Quand, après cet hommage, on se mit à table, « Mes amis, dit Français, à qui la présidence était dévolue de nouveau, le père Corot aimait qu'on s'amusât. Il prétendait que lui-même n'avait fait que cela toute sa vie. Faisons comme lui; c'est la meilleure manière de fêter sa mémoire ». Au dessert, il donna l'exemple des chansons. Henri Dumesnil chanta à son tour « *Je sais attacher les rubans* », le triomphe de Corot. Une douce gaîté régna dans l'assemblée qui, en se séparant, emporta avec elle un peu de l'âme du grand homme.

L'exposition dite des *Cent chefs-d'œuvre*, qui mit l'art au service de la bienfaisance et qui eut lieu, en juin 1883, à la Galerie Georges Petit, marque une étape dans la renommée du maître.

(1) *Le Parlement*, 30 mai 1880.

Treize toiles de choix suffirent à la porter très haut. Elle avait encore grandi en 1889 et s'affirma avec un éclat incomparable à la *Centennale* de l'Exposition Universelle. Les organisateurs de cette édifiante revue de la peinture du siècle s'honorèrent en formant une réunion aussi belle que variée des œuvres de Corot. On put y suivre le développement de son talent et en étudier la prodigieuse diversité dans 45 toiles empruntées aux collections parisiennes les plus riches. A côté de ses plus célèbres compositions telles que le *Bain de Diane* (du musée de Bordeaux), *le Concert, le Souvenir de Marcoussis, Biblis, la Toilette*, etc..., on vit d'admirables spécimens de ses études italiennes, trop peu goûtées jusqu'alors, qui, rapprochées d'œuvres plus récentes et déjà classiques comme les vues de *La Rochelle* et de *Mantes* entre autres, ne furent pas jugées inférieures. Ajoutez à cet ensemble une dizaine des plus beaux dessins de Corot, sortis de ses cartons après sa mort et dispersés à sa vente, dont aucun, depuis lors, n'avait paru dans une exposition, si l'on excepte celle des *Dessins Modernes* à l'École des Beaux-Arts en 1884. Cette exhibition eut pour résultat de placer définitivement Corot en tête de l'école française moderne.

Sa vogue n'avait pas attendu jusque-là pour franchir nos frontières et traverser l'Océan. L'Amérique, avide de conquérir par ses dollars la parure de l'art français, attirait chez elle depuis quelques années les chefs-d'œuvre de notre XIXe siècle. Les Corots étaient partis en masse et partaient tous les jours. Ils portaient là-bas le sourire de nos cieux et la grâce de l'âme française; car nul ne posséda plus les qualités de sa race que le bon Corot. L'illustre émigré et les plus notables de ses compagnons d'exode, Millet, Delacroix, Decamps, Troyon, Diaz, Rousseau, Daubigny, Dupré et Géricault, eurent l'honneur de concourir, sur la terre étrangère, à la glorification d'un de leurs compatriotes, le sculpteur Barye. Une exposition de *Cent chefs-*

*d'œuvre* d'outre-mer eut lieu à New-York du mois de novembre 1889 au 15 janvier 1890, au bénéfice du monument érigé à Paris à la mémoire de notre grand animalier. Onze pièces capitales de l'œuvre de Corot y figurèrent. Les collections américaines, déjà pourvues alors de merveilleux trésors, n'ont pas cessé depuis de s'enrichir et de drainer en particulier les toiles du roi des paysagistes. Toutefois, la France ne les a pas toutes perdues. Sans compter celles que détiennent nos musées, les amateurs français en possèdent de superbes exemplaires. Mais, de jour en jour, nos galeries se dégarnissent. Des dix-neufs numéros qui représentaient Corot, en 1892, à la seconde exposition parisienne des *Cent chefs-d'œuvre*, organisée, comme la première, au profit de la charité à la Galerie Georges Petit, combien demeurent encore chez nous? La réunion d'œuvres faite, en 1895, au Musée Galliéra, à propos du *Centenaire* du maître, fut une occasion de compter nos pertes. La *Centennale* de 1900 en souligna l'importance. Si le Corot d'Italie et le Corot des figures y brillaient dans tout leur éclat, il y avait pénurie de nymphes et de mythologie crépusculaire. Une exposition d'ensemble de l'œuvre intégral de l'artiste est désormais impossible sans un concours international. Je crains qu'il faille en faire son deuil et j'ai de la peine à partager l'espoir de M. Gustave Geffroy [1] quand il escompte la bonne volonté de l'Amérique et de l'Angleterre et qu'il se les figure nous prêtant pour un mois ou deux les chefs-d'œuvre conquis sur nous. « L'obtention d'un tel résultat vaudrait bien les frais d'une ambassade », dit-il. Certes, je suis de cet avis. Mais je me garde de caresser un espoir qui confine à l'utopie.

Aussi bien, je ne suis pas bien sûr que la réalisation de ce vœu ne comporterait pas d'amères surprises. Il est des amis

(1) *Corot et Millet. Le Studio*, numéro d'hiver 1902-1903.

qu'il ne fait pas bon retrouver après une assez longue séparation :
le monde nous les a changés. De même, les tableaux n'ont rien
à gagner d'une course à travers l'univers. J'en sais qui, pour
avoir trop roulé, ont perdu la noble patine des ans et revêtu
l'éclat trompeur d'une jeunesse artificielle. Le goût ne vient pas
aux gens sans un certain apprentissage; ce n'est point une
denrée qui s'achète argent comptant. L'homme aime naturellement le clinquant. S'improvise-t-il amateur de peinture, ne
comptez pas l'attacher par une beauté sans fard. Il est plus aisé
pour un trafiquant de rabaisser les tableaux de maîtres par le
maquillage jusqu'à l'étiage de sa clientèle que d'élever celle-ci
jusqu'au charme de leur pureté. Aussi bien, cette pratique n'est
pas nouvelle. Les grands Flamands et les grands Italiens en ont
subi l'outrage au cours des siècles et beaucoup ne sont parvenus
jusqu'à nous qu'après des rajeunissements plus ou moins
funestes.

L'œuvre de Corot présente un autre point de similitude avec
celle de ses fameux devanciers. Autour de lui comme autour des
Léonard et des Rubens, une poussée parasitaire s'est développée,
qui a pu être confondue avec le rameau lui-même. J'ai déjà
signalé le travail des faussaires s'appliquant, à la fois, à la fabri-
cation de pastiches et à la transformation de copies en origi-
naux par l'addition de signatures apocryphes. Du jour où les
anciens Corots, longtemps délaissés pour leurs cadets, et
notamment ies études d'Italie, eurent conquis leur place au
soleil de la renommée, le marché s'encombra d'une variété nouvelle et très abondante de faux. On fit des Corots de peintures
similaires aux siennes du début, dues souvent à des artistes
obscurs, ayant travaillé à ses côtés et subi plus ou moins cons-
ciemment son influence. Aligny, Fleury, Poirot, Lapito, Jules
Coignet, Delaberge et tant d'autres furent dépossédés de leur
personnalité mal cotée, à laquelle on substitua celle de leur

contemporain si célèbre et si bien achalandé. Un œil imparfaitement instruit s'y laisse tromper d'autant plus aisément que certains de ces oubliés étaient doués de qualités solides, dignes de les défendre contre l'indifférence de la postérité.

Le catalogue entrepris par Alfred Robaut du vivant du maître, avant l'heure des falsifications et des additions et auquel notre *Histoire de Corot* a servi de préface [1], dégage son œuvre de tous les éléments adventices. Grâce à une documentation graphique très complète, il réalise d'une certaine manière et de façon durable la réunion de ses innombrables productions dispersées d'un bout à l'autre de l'univers. Quel que soit le nombre des omissions, malheureusement probables malgré le zèle de l'auteur, il n'est pas téméraire d'avancer qu'on y retrouve tout Corot. Une présentation chronologique aussi exacte que possible montre son évolution progressive.

Il faut renoncer à la distinction factice entre deux formes de son talent correspondant à deux époques de son existence et qu'on oppose parfois sans fondement l'une à l'autre. Cette classification erronée donne à une *première manière* toutes les études d'après nature et n'attribue à sa maturité que des compositions idylliques et vaporeuses. Son principal titre de gloire est, au contraire, d'avoir persévéré jusqu'au bout dans l'amour de la vérité et dans une application consciencieuse à en poursuivre l'expression. La seule différence, c'est que, au rebours de ce qui se passe pour le commun des mortels, les années avaient assoupli sa main et aiguisé sa vision. Parallèlement, les nymphées et les églogues, qui ont fait sur le tard la réputation de leur auteur, sont en germe dans les paysages plus ou moins historiques où le débutant de 1830 à 1850 mitigeait les formules classiques d'une certaine sentimentalité vaguement romantique.

---

(1) *L'œuvre de Corot* par Alfred Robaut, précédé de *l'Histoire de Corot et de ses œuvres*, par Etienne-Moreau Nélaton, 4 vol. in-4°, Paris, Floury, 1905.

Car, la chose est à remarquer, Corot n'a jamais rompu avec la tradition. Tandis que Rousseau et Dupré s'affranchissaient délibérément de l'esthétique courante et renonçaient à toute attache avec le passé plus ou moins poussinesque du paysage français, Corot ne brûlait pas ses vaisseaux et, tout en allant chercher dans la nature la source de ses inspirations, demeurait fidèle, jusqu'à un certain point, dans ses interprétations, à la formule donnée de l'art par les ancêtres. Il a accompli ce tour de force d'être en même temps le dernier des paysagistes classiques et le premier des impressionnistes.

Vue déjà avec un certain recul, la carrière de ce précurseur si traditionnel rayonne d'un éclat doux et joyeux. Une auréole de bonheur entoure la figure souriante et ouverte de cet honnête ouvrier de l'art *(Fig. 266)*. Heureux, Corot semble l'avoir été autant qu'il est permis à l'homme de l'être. L'ardent amour avec lequel il accomplit sa tâche d'interprète ému de la nature suffit à remplir sa vie à l'exclusion de tout le reste. Nul orage ne bouleversa jamais l'atmosphère toujours sereine où se dilata son âme de sage. Délaissé par le succès jusqu'à un âge avancé, il blanchit à la peine sans perdre la foi en lui-même, la confiance étant à ses yeux le corollaire de la conscience. Réduit jusqu'à la cinquantaine, par le défaut de clairvoyance de ses contemporains, à vivre de la modeste pension qu'il recevait d'un père rebelle à reconnaître le génie sorti de son sang, est-ce à dire qu'il n'eut point de luttes à soutenir contre lui-même pour demeurer sourd aux passions humaines ? Quoi qu'il en soit, résolu de bonne heure au célibat par calcul plutôt que par tempérament, il paraît avoir tenu la porte de son cœur hermétiquement close contre les surprises capables de dérober la moindre parcelle d'une indépendance jalousement gardée.

D'ailleurs, l'étude de sa vie nous a enseigné que, si le peintre est digne d'occuper une place d'honneur parmi ses confrères de

tous les temps, l'homme en lui, n'est pas inférieur à l'artiste.
Une fois, chez des amis, un célèbre graphologue, ayant examiné
son écriture, diagnostiqua son caractère en disant : « C'est
rond, rond, tout rond ». Le bonhomme avait, en effet, une ron-
deur qui l'a fait bienvenir de tous ceux qui l'ont approché. On
ne lui connaît pas d'ennemis et, s'il en a eu, on peut affirmer
qu'il ne les a pas mérités. A quatre-vingts ans, son âme avait
une candeur enfantine. S'étonnait-on de le voir s'amuser d'une
partie de loto : « Cela ne vaut-il pas mieux, répondait-il, que de
passer sa soirée à dire du mal du prochain ? » Quelle profondeur
philosophique sous l'apparence d'une plaisanterie ! Il n'était pas
grand liseur ; Théophile Silvestre raconte que, tous les ans, il répétait invariablement : « Il faut pourtant que, cette année, j'a-
chève Polyeucte », mais que jamais il n'était parvenu au bout de
la tragédie. Le même Silvestre dit : « Corot achète ses livres sur
les quais, rien que pour leur forme et leur couleur, pour les mettre entre les mains de ses modèles. La Madeleine lisait chez lui,
l'autre jour, un gros tome latin de Cujas pour expier ses fautes. »
Nous avons vu cependant que, quand il lisait par hasard, il
savait choisir ses lectures et que l'*Imitation de Jésus-Christ*
était son livre de chevet. Sa belle âme se mirait dans cette belle
prose. Il était la bonté faite homme. Il ne savait pas se mettre
en colère. Adèle, sa gouvernante, n'avait jamais entendu un
mot de réprimande sortir de sa bouche. Il lui arriva un jour, je
ne sais pourquoi, de se laisser aller contre elle à un mouvement
de vivacité. Il n'en dormit pas de la nuit. Voici comment il contait la chose [1]. « Le lendemain, disait-il, lorsqu'elle entra dans
ma chambre, je n'osais pas la regarder. Je me rappelle encore
mon soulagement quand j'ai entendu sa voix m'interroger sur
son ton habituel : « Monsieur a-t-il bien dormi ? Quelle soupe

[1] Conversation avec Alfred Robaut, 10 mars 1874.

Monsieur mangera-t-il ce matin ? » — Ce fut une véritable déli-
vrance. Il me sembla qu'on me débarrassait d'un poids de cent
kilos. »

Cette ingénuité presque enfantine se traduisait d'une façon
tout à fait touchante dans sa docilité filiale prolongée jusqu'au
seuil de la vieillesse. On en cite bien des traits remarquables.
Celui-ci nous a été rapporté par M. Farochon, le fils de son ami
C'était pendant un séjour à Dardagny, vers 1850. Armand Leleux
entre dans sa chambre au matin et le trouve tout morose. Il le
presse de questions, mais sa figure ne se déride pas. « Ah ! nous
ferons de la mauvaise peinture aujourd'hui ! dit-il enfin : je n'ai
pas obéi à la maman ; j'ai négligé de mettre mes chaussettes sous
mon traversin et je ne puis mettre la main dessus. » — La brave
dame Corot était assez « collet monté » et il ne fallait pas que
son Camille eût, en sa présence, la langue trop gauloise. Un soir
qu'à la fin d'un dîner en ville, il s'était permis un toast un peu
trop libre, elle le bouda au point de le faire pleurer. De grosses
larmes coulèrent sur les joues du grand enfant ; puis, tout d'un
coup, n'y tenant plus, dans le fiacre qui les ramenait au logis,
il s'élança au cou de la bonne femme en lui demandant pardon.
Les leçons de l'austère bourgeoise lui avaient profité et ses propos étaient toujours tels que des oreilles de jeunes filles les
pussent entendre sans réserve. Aussi, s'amusa-t-on beaucoup,
dans une maison où il fréquentait, d'un quiproquo qui avait
effarouché la pudeur d'une dame un peu prompte à se scandaliser.
Comme on venait de passer au salon après le dîner, ne voulant
pas incommoder son hôtesse et ses invitées en sortant sa pipe :
« Je descends sur le boulevard, dit-il ; ma petite Pipette me
réclame. » L'imagination de la trop chatouilleuse matrone avait
donné à « pipette » une crinoline et des anglaises. Corot rougit
comme un écolier quand on lui rapporta la méprise [1].

(1) Raconté par M. Farochon, le 11 janvier 1904.

Je ne saurais donner place à toutes les anecdotes propres à caractériser cette nature où la franchise et la gaîté, l'abnégation et la tendresse s'étaient donné rendez-vous. Mais il en est une qui fournit la mesure de son bon cœur. La scène se passait aux environs d'Alençon, dans la famille de son ami Clérambault. Un jour, on se mit à causer de la vie future et de la façon dont la religion entend la sanction des mérites des hommes dans un autre monde. Quelqu'un parla des châtiments éternels qu'elle prête à Dieu pour punir les fautes des coupables. Cette conception de la divinité vengeressse révoltait Corot. « Si Dieu est infiniment bon, s'écria-t-il, il est impossible qu'il se montre tellement impitoyable et qu'il ne finisse par pardonner un jour ou l'autre. » On ne put l'en faire démordre [1].

La bonté qui emplissait cette âme douce et aimante avait fini par l'incliner à subordonner, dans ses préoccupations, l'art lui-même à la charité. Un de ses amis vantait devant lui la beauté de la destinée d'un artiste parvenu, comme lui, à faire vibrer l'humanité à l'unisson de ses sensations et de ses sentiments. « Oui, fit-il, c'est beau ; mais la vie d'un Saint Vincent de Paul, c'est encore plus beau ! » A cet instant-là, Corot connut l'envie.

Que n'était-il à mes côtés pour entendre la parole que je vais rapporter ? Devant un de ses tableaux, une Fille de la Charité s'était arrêtée. Vous eussiez dit que sa contemplation, comme celle de la foule, s'imprégnait de la poésie ravie par l'art du pinceau à l'impalpabilité de la lumière et de l'atmosphère. J'attendais un éclat d'enthousiasme pour le peintre. Cette humble créature avait d'autres pensées. « Ah ! Monsieur, s'écria-t-elle, quel brave homme ! J'ignore si, comme on le prétend, tous ses tableaux sont autant de chefs-d'œuvre ; mais ce que je sais bien, c'est que lui-même était un chef-d'œuvre

(1) Raconté à Alfred Robaut par M. T.-V. Charpentier.

du bon Dieu ». Cette sœur-là ne connaissait pas le peintre de génie ; mais elle avait, dans le fond de sa mémoire, l'image inaltérable de l'homme de bien. Soyez heureux, divin artiste, vous n'étiez pas pour elle l'émule de Claude Lorrain ou de Rembrandt ; vous étiez un nouveau Saint Vincent de Paul.

Et nous, Français du XIXe siècle, soyons fiers d'avoir vu rayonner parmi nous cette noble figure, qui symbolise si bien toutes les plus hautes vertus de notre pays et qui resplendit aujourd'hui, à travers le monde entier, de l'éclat impérissable du vrai, du beau et du bien.

# LE ROMAN DE COROT

# LE ROMAN DE COROT

Jusqu'ici la biographie de Corot péchait par une lacune grave que, l'écrivant naguère, nous nous étions vainement efforcé de combler. On ne savait rien de ses démêlés avec le jeune archer à l'arme redoutable, dont son pinceau a plus d'une fois campé la silhouette mutine dans ses paysages idylliques, et qu'on appelle l'Amour. Quelques lettres intimes de sa jeunesse, que le hasard, favorisé par de patientes recherches, a conduites entre nos mains, viennent d'éclaircir pour nous ce mystère. La noble figure du personnage, qui atteint une hauteur morale si élevée, n'est point diminuée par leurs révélations. Corot reste au-dessus de l'humanité ordinaire, dont il ne partagea point les faiblesses avec banalité. Il appartenait à ce génie hors pair de sacrifier au sacerdoce de son art les élans les plus purs du sentiment amoureux. La peinture, sa maîtresse idéale, ne toléra pas de rivale dans le cœur de son chevalier servant, qui la préféra à tout autre lien terrestre. Pour elle, non seulement il renonça à l'hymen, mais il s'affranchit encore de toute liaison capable de lui imposer quelque contrainte. La libération ne s'opéra pas sans lutte. La nature avait doué cette âme, qui garda pendant toute son existence une candeur juvénile, d'une sensibilité ardente, avide de s'épancher. Elle s'enflamma pour les premiers objets que la vie proposa à sa tendresse. Pendant des années, sa jeunesse donna dans le sentimentalisme.

Corot s'offrit son roman : il en ébaucha même plusieurs. Plusieurs fois, son cœur s'étant laissé subjuguer, il faillit s'engager
par des serments solennels. Mais, la Muse veillait et l'arrachait
finalement à l'Amour.

*
* *

Les péripéties de ce combat sont détaillées dans la précieuse
correspondance qui nous le fait connaître. Le destinataire de
ces lettres est un ami d'enfance, qui a nom Abel Osmond *(Fig. 269)*.
Corot s'ouvre à lui avec abandon et lui livre, dépourvus de tout
fard, les sentiments qui l'animent. Son style, sans nul apprêt,
est familier comme ses pensées Les mots s'y précipitent même
souvent dans un certain désordre, et s'y affranchissent volontiers de la tutelle imposée par la syntaxe à des plumes moins
indépendantes. Improvisées comme une conversation à bâtons
rompus, ces épîtres touchent à tout et passent sans transition
d'un sujet à un autre. Elles racontent les occupations de celui
dont elles émanent en même temps qu'elles évoquent les êtres
et les choses dont la destinée le sépare et vers qui son esprit
s'envole à tire d'aile. Quelques-unes d'entre elles, parvenues par
fragments à notre connaissance, nous ont déjà fourni autrefois
de piquants détails sur le séjour en Italie du jeune peintre, en
train d'y faire son apprentissage loin de sa famille bien-aimée,
dont le souvenir éveillait en lui la nostalgie. Mais, tous les pas-
sages d'un caractère particulièrement intime nous avaient
échappé. D'autres missives, s'ajoutant aujourd'hui à ces messa-
gères de l'exil, éclairent du même jour les années antérieures et
consécutives à ce temps d'épreuve. Avec elles, nous prenons
Corot à 25 ans; nous l'accompagnons jusqu'à la veille de la
quarantaine. C'est toute sa jeunesse qu'elles nous racontent.

*
* *

La première en date remonte au 21 août 1821. Le fils de la modiste de la rue du Bac, destiné par ses parents à tenir comme eux une boutique, aune encore du drap rue Saint-Honoré, chez M. Delalain. Son correspondant, qui ne compte que deux ans de plus que lui, étant né en 1794, est un ancien polytechnicien, qui sortait de l'École l'année même où les Bourbons rentraient en France. L'abbé de Montesquiou, ministre de Louis XVIII, l'a pris pour secrétaire; mais, cet été-là, son chef lui a donné vacance, et il en a profité pour s'enfuir au fond de la Normandie, dans le pays qui l'a vu naître. Corot, retenu à Paris, derrière le comptoir de son patron, lui adresse sa prose à Saint-Lô. Le billet débute par les touchantes protestations d'une amitié débordante, qui souffre de se sentir négligée. C'est une entrée en matière pleine d'effusion.

> Mon ami,
>
> Reviens ou écris-moi. On ne pourra jamais croire que tu as quitté Paris pendant plus de deux mois et que tu n'as pas pensé à l'individu qui pense tant à toi. J'attendais toujours; et même, dans ces derniers temps, je croyais de jour en jour te voir arriver. Voilà le motif qui a fait que j'ai différé de te communiquer mes reproches. Tu as probablement pensé qu'étant un garçon tout rond, je ne tenais pas à la bagatelle de la correspondance. J'y tiens beaucoup, au contraire; car ton commerce ne peut que tourner à mon profit. Ne t'en rapporte pas à ces dehors sans façon. Sous cette enveloppe grossière, tu trouveras souvent un cœur accessible aux plus doux sentiments de l'amitié. Assure-moi que, si tu fais encore une pareille absence, tu ne me négligeras pas, et que tu me feras applaudir à une liaison aussi avantageuse.

Après cet exorde pathétique, où son âme s'épanche, Corot aborde un sujet poignant. Une de ses sœurs, récemment mariée, vient d'être mère dans des conditions qui mettent sa vie en danger. Cette triste nouvelle, qu'il confie à son ami, assombrit sa bonne humeur et enveloppe de mélancolie son expansion affectueuse.

Tu ne trouveras pas de gaîté à la maison; mais, au moins, tu pourras apporter quelque soulagement à la douleur d'une famille à laquelle tu devrais être tant attaché. Tu ne la reconnaîtras pas, ma pauvre sœur, lorsque tu reviendras. Elle est bien mal. On la voit s'éteindre de jour en jour. Sa petite fille est morte. Je te laisse à penser de la réserve que l'on doit mettre dans les conversations, pour ne lui rien laisser à conjecturer sur un aussi grand malheur. Je t'apprécie assez pour croire qu'un bavardage de ce ton-là ne te fatigue pas : pardonne-le moi.

La lettre se poursuit par une apologie, dans laquelle le drapier malgré lui se disculpe d'avoir volontairement abandonné la famille de son ami pendant son absence.

M. Osmond de Passy (*c'est l'oncle d'Abel*) est allé à la campagne il y a quelque temps et a dit à ma mère, en espèce de reproche : « Nous n'avons pas vu M. Camille depuis qu'Abel est parti. » Certes, je suis en défaut; mais, qu'on jette un regard sur mes chaînes, et l'on m'excusera. Je suis très peu libre.

Le pauvre garçon est toujours à l'attache; cependant, il éprouve déjà pour la peinture un goût qui s'affirme chaque jour, qu'il satisfait à toute occasion, et dont il entretient son ami.

Je m'amuse toujours de peindre des paysages; mais ce que je ne puis peindre, c'est le désir que j'ai de te revoir et [de] t'entendre faire la narration de ton voyage.

La lettre se terminerait sur cette nouvelle explosion de tendresse amicale si, avant de la clore, une « grande nouvelle », oubliée jusque-là, n'exigeait un post-scriptum. Dans ce post-scriptum, il est question d'un changement dans le personnel des ouvrières de la maman Corot. L'affaire passionne le grand gars de vingt-cinq ans, dont la candeur naïve s'intéresse ingénûment aux évolutions de cette jeunesse d'un autre sexe à qui le hasard a associé son existence. Voici comment il la conte.

P. s. t. Grande nouvelle. Bouleversement général. Mlle Henriette, ses deux sœurs, Mlle Amable quittent à la fin du mois. Figures nouvelles de quelque côté qu'on se tourne.

Ce « bouleversement général » bouleverse manifestement notre Camille, qui ajoute encore :

Adieu. L'on devrait bien couper ma langue, ou plutôt ma plume.

Ainsi se termine l'unique lettre émanant du jeune homme avant qu'il ne soit pour de bon « un peintre ».

*
* *

Lorsqu'il prend de nouveau la plume, le pas est franchi. Son père s'est laissé fléchir. Sur la dot de sa sœur défunte, il lui sert désormais une modeste pension, qui permet à « l'artiste » de s'amuser à sa guise. Il a fait mieux encore. Il lui a payé le voyage d'Italie par lequel il est de tradition, en ce temps-là, que la carrière d'un paysagiste débute. Corot a quitté la France au commencement de l'automne de l'année 1825. Il est à Rome depuis quelques jours seulement lorsque, le 2 décembre, il écrit à son cher Abel. Voici, dans son entier, cette lettre, dont nous n'avions connu autrefois que le début.

Rome, ce 2 X<sup>bre</sup> 1825.

Mon ami,

Un barbare, qui t'a quitté, va te dire qu'il est arrivé à Rome en bonne santé, qu'il pense toujours à Abel, qu'il se promet de bien employer au travail cette pénible absence, et qu'il reviendra le cœur plein de joie au milieu de bons parents et de bons amis.

Je ne puis parler du climat de Rome. Depuis que j'y suis, toujours de la pluie ; mais, cela ne m'affecte pas : j'étais prévenu. Je crois, jusqu'à présent, que, sous le rapport de la peinture, je dois trouver tous les matériaux nécessaires pour composer des tableaux. Tu me vois sourire. Oui, je souris, car je serais doublement satisfait, de retour à Paris, de voir mes amis et de pouvoir leur montrer des études agréables.

Je cherche partout des Parisiennes qui ne sont pas de Paris. Je ne puis les rencontrer, ni rien qui leur ressemble. Voudrais-tu avoir la bonté de t'informer si elles ne seraient pas (car j'en ai l'idée) rue du Bac. Si le

hasard te les faisait trouver sur le soir, je te prierais d'avoir l'audace de les
embrasser bien fort; mais, si tu en embrasses plus de deux, tu es un homme
perdu ; tu m'as compris.

J'oublie de te parler d'un séjour à Bologne. O Abel, ne passe jamais
par Bologne. Cette ville renferme de trop séduisantes sirènes. Je souris.
Je me suis laissé séduire par la plus séduisante balarina de l'Opéra de Bologne, qui nous a été procurée comme soulagement, après un voyage
pénible et très échauffant surtout; qui nous a été procurée, dis-je, par un
jeune français que nous avons rencontré aux Marionnettes. Il m'en est
resté un très agréable souvenir... Les femmes de Florence ne sont pas d'une
beauté surprenante ; mais nous sommes arrivés à Rome munis de bonnes
adresses. Je te parlerais bien d'une certaine Caroline; mais chut. J'ai des
raisons valables pour ne pas en parler : je ne la connais pas encore. Si Dieu
me prête vie, je me promets de t'en dire quelque chose.

Si on te demande à lire cette lettre, dis qu'elle est griffonnée et [que],
par pudeur pour moi, tu ne peux la montrer.

Je serais désespéré de t'ennuyer de mon bavardage, car je me plais infiniment à bavarder avec toi.

Mes respects sincères à M. et Mme Osmond. Dis à ton oncle A[ndré]
que je n'abandonnerai pas *Virgile*.

Ton fol ami, mais c'est pour vous avoir quitté qu'il a la tête déran-
gée.

Pardonne : il te donne une poignée de main de bon cœur.

Camille Corot.

J'écris à mon père dernièrement, et je ne réfléchis pas que ma lettre
arrivera à l'époque du jour de l'an ; et j'oublie de lui souhaiter une bonne
année ainsi qu'à toute la famille, sans oublier ces dames, que je te prie
d'embrasser.

« Ces dames! » Voilà les héroïnes du roman de Corot. Le
Parisien a emporté dans son cœur l'image de ces « Parisiennes
qui ne sont pas de Paris », qu'il « cherche partout » dès le début
de sa « pénible absence », et qui ne cesseront de hanter son souvenir tant que durera cet exil subi par devoir professionnel, qui
coûte tant à sa sensibilité. L'atelier de la rue du Bac, dont le
personnel occupait déjà si fort ses pensées en 1821, contient

toujours des charmes qui s'imposent à sa nature aimante. Ces
charmes ont enchaîné ses sentiments par les liens les plus
tendres, et ni les ballerines de Bologne, ni les beautés romaines
ne sauraient prévaloir contre la douce mémoire de « ces dames ».
Sa fidélité leur est acquise comme à « Virgile », qu'il ne promet
pas en vain à l'oncle de son camarade de « ne point abandonner » sur la terre classique.

C'est d'elles qu'est pleine sa deuxième lettre d'Italie, écrite
en mars 1826, dont nous n'avons publié jadis qu'un très court
passage. Cette fois, nous n'en retranchons rien.

Rome, ce     mars 1826 (*sic*).

Mon cher ami,

Je veux te dire, à toi, maintenant, que ta lettre m'a fait grand plaisir.
Nos entretiens épistolaires me reporteront toujours à Paris et me redonne-
ront presque tous mes agréments. Il faut que je sente bien sérieusement
tout le besoin que j'ai d'être assidu au travail pour m'être ainsi séparé de
mes bons amis. Je ne goûte plus ces bonnes soirées. Nous ne pouvons
plus nous donner ces gentils rendez-vous rue du Bac à 4. Enfin, tu y vas
toujours sans doute. Je te prie, de temps en temps, le soir, de dire à ces
dames : « Camille est bien désespéré de ne pouvoir venir ce soir; mais ce
n'est certainement pas le plaisir qui le retient; car il n'y a qu'avec vous
qu'il en trouve. » Tu diras cela un peu brusquement, à ma manière. Tu ne
peux te faire une idée du temps que nous avons à Rome. Voilà un mois
que je suis, chaque matin, réveillé par l'éclat du soleil qui frappe sur le mur
de ma chambre. Enfin, il est toujours beau : mais aussi, en revanche, ce
soleil répand une lumière désespérante pour moi. Je sens toute l'impuissance de ma palette. Apporte des consolations à ton pauvre ami, qui est
tout tourmenté de voir sa peinture si misérable, si triste auprès de cette
éclatante nature qu'il a sous les yeux. Il y a des jours, véritablement, où
on jetterait tout au diable. Mais, je vois que je vais t'entretenir des ennuis
et des tourments que donne la peinture : brisons-là. Je vais te parler d'objets
plus aimables : de Mlle Alexina, par exemple. Tu lui diras que je suis

enchanté qu'elle me procure l'occasion de lui être agréable. Je lui choisirai un petit chapelet bénit par le pape, que je remettrai à M' Dallemagne, qui retourne à Paris dans quelque temps. Ce chapelet sera remis à mon père et sera renfermé dans un petit paquet avec ton nom dessus. Tu sauras ce que cela veut dire. Je compte sur ta complaisance. Je voudrais avoir de ces commissions pour d'autres personnes; mais, enfin, elles n'en ont pas donné: je suis obligé de me conformer aux ordres reçus. Je te remercie bien du zèle que tu as mis à remplir la commission que je t'avais donnée et, pour te récompenser de ton exactitude, je te prierai de recommencer juste comme tu l'as déjà fait, en nuançant la couleur du sentiment. Tu me dis qu'il y a deux de ces dames particulièrement qui t'ont chargé de m'adresser leurs remerciements *pour mon aimable souvenir* : il faut qu'elles me plaignent aussi; car le souvenir d'un bonheur perdu amène les regrets. Tu me pardonneras ces phrases: elles n'ont vraiment pas l'air de me ressembler; mais il faut bien que je dise maintenant ce que mes visites fréquentes et mon air de contentement devaient indiquer dans ce temps que je regrette. Enfin, mon pauvre Abel, je jure de beaucoup travailler pendant mon séjour en Italie, afin de ne pas avoir à rougir de m'être expatrié si longtemps pour ne rien rapporter. Mais, je serai bien heureux à ce retour. J'entrevois le ravissement où je serai : ça me donne de nouvelles forces. Certainement, rentré en France, je pourrai regretter le beau pays de l'Italie; mais, au moins, j'en aurai des aperçus dans mon atelier. J'aurai des portraits qui me permettront de me promener encore dans les environs. Je te remercie bien pour ta part dans le toast à moi porté.

Vous avez beaucoup de bals à Paris : moi, je n'ai nulle occasion d'y aller. On dirait que le sort me favorise. Je ne connais personne à Rome. Je suis un véritable ermite. Je n'ai pu connaître les dames romaines qu'à l'époque du Carnaval, en allant aux bals masqués. J'ai eu assez d'agrément: ce genre de spectacle m'était tout à fait inconnu. En général, le Carnaval de Rome est regardé comme un des plus gais : on y fait de vraies folies. Mme Sennegon (*c'était la seconde sœur de Corot*) pourra t'en parler : je lui ai fait part de quelques détails. Tu lui diras, en te présentant chez elle : « Madame Sennegon, de la part de Camille, voulez-vous me permettre de vous embrasser, et me ferez-vous le plaisir de me dire quelque chose du Carnaval romain. » Je te fais mon compliment sur la réduction que tu as fait éprouver au grand nombre des visites qui t'accablaient chaque année à l'époque du jour de l'an. A propos de visites et de bonbons, tu me ferais un grand plaisir, ce serait de donner pour moi à ces dames, l'année prochaine, un petit sac de pralines, pour qu'elles n'en perdent pas le goût. Donne une bonne poignée de main de ma part à M. Faulte. Remercie-le de son bon souvenir en lui promettant qu'en rentrant à Paris, je serai trop heureux de pouvoir lui être utile dans l'italien ; mais, jusqu'à présent, parlant toujours français, étant au milieu de camarades, je ne fais aucun progrès ; mais, espérons.

Adieu. Je t'embrasse, et je lui demande excuse de toutes les peines que je lui donne, à cet aimable et infatigable commissionnaire de l'amitié. Mais son zèle me rassure. Je voudrais lui dire : à demain. Mais, ça reviendra : espérons.

Adieu. Celui qui t'aime.

Camille Corot.<br>Café Grœco, et non Groco.

Embrasse bien Papa, Maman. Bien des choses à Sennegon...

Cette épître, en grande partie consacrée aux « regrets d'un bonheur perdu » et à l'évocation des « gentils rendez-vous à 4 » de la rue du Bac, renferme un souffle d'amour contenu plein d'ingénuité et de grâce. C'est un vrai personnage d'idylle que ce grand enfant qui rougit d'adresser à Mlle Alexina « un petit chapelet bénit par le pape », et qui prend un subterfuge pour faire passer l'innocent cadeau par les mains de son père sans que le barbon ait vent du mystère. Et ce sac de pralines, que « l'aimable et infatigable commissionnaire de l'amitié » ne devra pas oublier d'offrir, « l'année prochaine », à « ces dames » de la part de l'ami absent, « pour qu'elles n'en perdent pas le goût ». Quel touchant messager d'une flamme impatiente de se déclarer ! Elle insiste, cette flamme, pour que son interprète, chargé d'en répartir les ardeurs entre plusieurs personnes, s'attache à « nuancer la couleur du sentiment ». Exquise traduction de la sensibilité amoureuse inventée par la bouche d'un peintre. La passion rend la plume de celui-ci aussi subtile que son pinceau.

*<br>* *

Nul doute, son cœur est pris. L'aventure n'a pas échappé a
la clairvoyance d'une mère. Mme Corot a appréhendé quelque
temps que l'amourette ne se dénouât devant M. le maire. Son
orgueil de bourgeoise ne s'accommodait pas d'une de ses ouvrières
comme bru. Cette prévention maternelle contre ce qu'elle esti-
merait une mésalliance n'a sans doute pas été tout à fait étrangère à la réalisation du rêve de son Camille et à son exode sur
la terre italienne. Malgré l'éloignement du personnage, son
inquiétude persiste. C'est ce qui ressort de la lettre, presque
entièrement inédite, qui fut adressée à Abel Osmond par son
ami dans le courant de mai 1826. Le morceau est encore empreint d'un sentiment des plus tendres pour les amies de la rue
du Bac. Il n'est question que d'elles d'un bout à l'autre de cette
causerie familière, toujours sur le même ton, d'une naïveté
presque enfantine, qui caractérise les précédentes. Qu'on en
juge.

Rome, ce     mai 1826 (sic).

Tu m'as bien deviné. Quoique j'aie souffert beaucoup du retard de ta
lettre, je t'ai pardonné en faveur du plaisir qu'elle m'a procuré. J'en suis
maintenant à maudire les douleurs de rhumatisme qui martyrisent un messager aussi zélé que toi. Tu es trop gentil d'avoir fait toutes mes petites
commissions avec tant d'exactitude. Je me trouve encore heureux, tout
exilé que je suis, d'avoir un ami comme toi, qui ait la complaisance de
m'entretenir de Paris et de ce que j'y regrette. Ah ! je reconnais bien là
ma bonne mère, s'inquiétant de l'assiduité que je manifestais auprès des
demoiselles St-L... Je m'apercevais bien moi-même de ses tourments, et je
crois que, pour les suites qu'elle redoutait, mon départ a dû la rassurer
beaucoup ; je suis un peu trop loin maintenant pour faire naître des craintes.
Heureux coquin, place-toi encore fort heureusement auprès de ces deux
dames. Fronce les sourcils en regardant Mlle Adèle ; accable-la de mes
reproches. Pourquoi se refuse-t-elle aussi positivement à me plaindre ? Je
ne la reconnais plus : elle était si bonne à Paris. Pourquoi serait-elle chan-
gée quand Mlle Anna est toujours la même ? Remercie bien cette dernière
des aimables consolations qu'elle t'a prié de me donner. Je la trouve char-

mante d'avoir pensé que, loin d'elle, je devais avoir besoin d'être consolé.
Non, ce n'est pas possible, Mlle Adèle n'a voulu que me taquiner. J'aime à
le croire. Ainsi, embrasse-les bien toutes les deux. Je te prie seulement
d'appuyer plus fort sur les joues de Mlle Anna : il faut que les intentions
délicates soient récompensées. Je suis bien fâché qu'elle ne t'ait pas témoi-
gné, dans le temps, le désir d'avoir quelque chose de l'Italie. Je l'aurais
expédié avec les deux chapelets que j'ai remis à M. Dallemagne. Maintenant,
je suis un peu embarrassé du transport de ce qui doit lui faire tant de plaisir.
Je vais pourtant m'occuper de trouver les moyens de le faire parvenir. Le
vif désir que j'ai de la satisfaire m'inspirera. La lettre que j'ai écrite à
Mme Anath était promise lors de mon départ ; mais, le fait est que j'ai profité
de l'occasion pour m'entretenir un instant avec les deux aimables sœurs
auxquelles je voudrais dire toujours qu'il n'y a pas de sirène en Italie qui
puisse me les faire oublier. Mon cher Abel, je sais que, pour rendre service,
tu seras toujours là. Le conseil obligeant que tu me donnes pour faire parvenir une lettre à Mlle Anna en est une preuve. Mais, j'y vois un inconvé-
nient : c'est que si, comme tu me l'indiques, je change mon écriture, elle y
sera elle-même trompée ; et la surprise qu'elle témoignerait, cela pouvant
se passer en présence de ces dames, pourrait dévoiler l'artifice : ce qu'on
doit éviter. Ainsi donc, c'est à toi que je me livre : arrange-toi, dans les
conversations que tu auras avec elle, pour lui dire qu'un pauvre diable,
exilé dans les états du Pape, pense toujours à la *formosa Dido*. C'est probablement ton rhumatisme qui t'a empêché depuis longtemps de voir mon
père et ma mère. Lorsque mes prières seront exaucées et que tu seras soulagé,
va les voir ; embrasse-les pour moi. Fais à Mme Sennegon mes compliments
sur son rétablissement merveilleux. Je suis fort sensible aux remerciements
que ces demoiselles me font pour les choses aimables qui m'étaient inspirées
par le souvenir des moments que j'ai passés auprès d'elles.

La première fois que tu écriras à Faulte, je te prie de ne pas m'oublier
auprès de lui. Je te dirai aussi qu'il ne faut pas me négliger parce que tu
vas avoir maintenant deux amis à satisfaire. Tu es bien persuadé d'avance
qu'étant le plus éloigné, je suis le plus impatient. Il est vrai, je t'avais dit,
étant à Paris, que je t'écrirais tous les trois mois ; mais, alors, j'ignorais
tout le plaisir que l'on goûtait à recevoir des lettres et à en écrire ; maintenant, j'ai changé, et je suis disposé à t'écrire le plus souvent que je pourrai.
Cependant, ce serait toujours en réponse aux tiennes. C'est ainsi que je
compte arriver au moment où, bras-dessus bras-dessous, nous en taillerons

de fières bavettes. Voilà plus de six mois passés : c'est un sixième de l'absence. Entretenons-nous le plus possible, et les cinq autres seront bientôt derrière nous.

Lorsque tu verras Lecamus, dis-lui bien des choses de ma part : entre autres, que je m'échigne pour pouvoir lui montrer plus tard des tableaux qui méritent son approbation. La première fois que tu iras chez ces dames, amuse-toi comme trois ; car, si j'y étais, je prendrais, pour ma part, du plaisir comme deux.

Behr, auprès duquel j'ai rempli tes commissions, me prie de te remercier de ton aimable souvenir. Nous sommes toujours ensemble. Nous sommes sur le point de partir pour faire une campagne. Le second mercredi du mois ne nous verra plus à Rome. En attendant que j'aie l'occasion d'envoyer quelque chose de mieux à Mlle Anna, je te prie de lui remettre le petit morceau de verre antique que tu trouveras inclus. Ce n'est pas très précieux, mais il a au moins le mérite d'être de l'antiquité. Tu pourras [le] lui donner avant de dire que tu as reçu une lettre de moi.

Dans ce moment, Behr me donne une moitié d'orange. Je t'en souhaite d'aussi succulentes. En attendant, je t'embrasse de tout mon cœur. Ecris à ton ami sincère.

Camille.

Toujours café Grœco.

D'après cette lettre, nous sommes fixés sur l'objet des « tourments » de la maman Corot. Il s'agit de deux sœurs, qui ne sont désignées ici que par des initiales, mais qu'une autre fois, l'amoureux nommera sans détours. Les demoiselles Saint-Laurent se disputent ce cœur incapable de feindre, dont le choix hésite entre Adèle et Anna. L'accueil réservé par cette dernière à ses doléances d' « exilé » fait toutefois pencher la balance en sa faveur. « Placé fort heureusement entre ces deux dames », Abel, son intermédiaire, chargé d'embrasser l'une et l'autre pour son correspondant, « appuiera plus fort » sur les joues de cette sensible Anna, qui a compati à la douleur de son soupirant et lui a fait parvenir les plus « aimables consolations ». C'est en elle que le Virgilien habitant des pays classiques salue sa « *formosa*

Fig. 269. — Abel Osmond, 1829.

Fig. 270. — La cascade de Papigno, 1826.

Fig. 271. — Ariccia, 1827.

Fig. 272. — Albano, 1827.

Fig. 25. — Le capitaine Gaulte du Puyparlier, 1809.

*Dido* ». En attendant qu'il ait trouvé un subterfuge pour lui déclarer la flamme dont il brûle sans passer par le canal d'autrui, son fidèle commissionnaire se chargera d'un gage touchant de ses sentiments pour elle. La missive s'alourdit « d'un petit morceau de verre antique » : délicat hommage d'une âme simple et pure. C'est l'adieu du paysagiste avant son départ « en campagne ». Comme il l'annonce à son ami, il va se mettre en route pour la Sabine, avec le camarade que le hasard lui a donné pour compagnon de voyage. Ce Behr est un étranger, originaire de Courlande, qui suit Corot depuis son départ de Paris, mais qui ne manifeste pas la même ardeur au travail que son laborieux émule. Ce n'est pas lui qui « s'echignerait » pour produire quelque jour des tableaux dignes d'admiration. Corot, lui, ne chôme jamais. Cette campagne d'été, qui le conduit à Civita-Castellana, à Castel St-Elia, puis à Papigno et à Narni, sera pour lui une école sérieuse et féconde.

C'est de Papigno qu'est datée la lettre suivante adressée à « son cher Abel » le 8 août 1826. Celui-ci lui a fait attendre sa réponse. Non pas qu'il l'ait négligé, suivant son appréhension, en faveur de « l'ami Faulte », un camarade de Polytechnique devenu militaire, qu'un changement de garnison a enlevé, à son tour, du giron de ses intimes *(Fig. 273)*. Le pauvre Abel a été souffrant : un rhumatisme prématuré a torturé son corps et paralysé sa plume. Corot, dans sa réponse, s'affecte de cette épreuve et s'y associe, sans perdre toutefois sa gaîté native. Et puis, son inclination naturelle le reporte au sujet habituel de ses causeries intimes. Il s'enquiert de « ces dames »; il s'intéresse à leurs distractions et à leurs jeux. Il s'occupe de la manière dont ses présents ont été accueillis. Le fameux petit morceau de verre antique, expédié dans sa dernière lettre, est l'objet de ses préoccupations, et les mésaventures de ce fragile envoi arrêtent ses pensées. Toutefois, l'amoureux impose, cette fois, un frein à ses ardeurs. Il « aime toujours » la dame de ses rêves ; mais « son caractère indépendant » et son application à l'étude l'empêcheront de « s'attacher sérieusement ». Le mariage n'est point son fait. Il le déclare tout net. Le roman prendra donc une tournure plus libre. L'épître est curieuse et vaut qu'on la médite.

Papigno, ce 8 août 1826.

C'est du fond d'un bois épais et au bruit des cascades que je veux t'assurer, mon bon Abel, que je ne t'ai nullement accusé de négligence. Ma mère et ma sœur m'avaient bien informé de ta maladie. Loin de t'en vouloir, je te plaignais de tout mon cœur. Ces maudites douleurs ne veulent donc pas t'abandonner ? J'en parlerai au Saint-Père : il faut que cela finisse, puisque ces rhumatismes en font souffrir deux. J'ai facilement déchiffré ta lettre ; mais, malgré cela, je me suis effectivement aperçu qu'il n'y avait pas la même sûreté de main que dans les précédentes. Je suis bien sensible aux efforts que tu as faits.

Ah ! coquin, tu as revu ces dames après deux mois de maladie ; et moi, je ne les ai pas encore vues depuis neuf mois de santé. Il me semble que je dois fièrement souffrir à mon tour. Je suis un peu consolé en apprenant qu'elles se portent toutes bien. Vraiment, Mlle Alexina est contente ? Je me reprochais tant d'avoir si mal choisi le chapelet. J'en ai vu depuis qui lui auraient bien convenu ; mais c'est fait.

Ah ! ça, dis-moi donc, les employés de la poste, avec leur vigoureux poignet et leurs méchants cachets, sont donc parvenus à briser cet intéressant souvenir. Il est vrai qu'il serait bien difficile de trouver quelque objet plus fragile. C'était un enfantillage. Je demandais chez un bijoutier de Rome une petite pierre que l'on pût mettre dans une lettre ; enfin, il m'a montré ces petits morceaux de verre, qui ont le seul mérite de l'antiquité. N'étant pas d'un poids, ni d'un volume énorme, je me suis décidé. Et tu as présenté le morceau raccommodé. Fais bien mes excuses et ne fais voir que l'intention d'un certain nommé Jean-Baptiste qui voudrait qu'on ne l'oublie pas. Mais, après tout, mon ami, Mlle A. me plaisait beaucoup et me plaît encore ; mais je n'ai qu'un but dans la vie, que je veux poursuivre avec constance : c'est de faire des paysages. Cette ferme résolution m'empêchera de m'attacher sérieusement. Je veux dire en mariage. Quant à la petite bagatelle, je t'assurerai que si, de retour à Paris, il m'était permis de l'embrasser de temps en temps, je pourrais me consoler de mon célibat. Je l'aime toujours, cette jeune personne ; mais, mon caractère indépendant et l'étude sérieuse, dont je m'aperçois avoir un grand besoin, me feront prendre *la chose* en plaisantant. Ecco. Enfin, j'enrage. Je respire le même air ; je vois les mêmes arbres ; je me crois à St-Cloud. Dans une heure, je pourrai tous vous voir ; mais, non : voilà une maudite cascade qui me prévient que je suis à 400 lieues de vous. Certes, je vous reverrai tous ; mais, moi qui ne calcule pas mal, j'aurai toujours perdu trois ans de plaisir. On viendra me dire qu'il est bien pour un jeune homme de voyager : cela le forme. Oui, mais, sans la peinture, je ne me serais pas avisé de le faire.

J'ai écrit dernièrement à Papa et j'ai été assez étourdi pour ne pas réfléchir que la lettre arriverait vers le 15 du mois d'août et mettre quelque chose pour sa fête ainsi que celle de ma mère. Je te prie donc de faire pour moi dans ces deux circonstances, en m'excusant de mon étourderie. Tâchez de faire une belle partie à la Saint-Louis (*c'était la fête du père Corot*). Le bois de Ville-d'Avray est toujours là pour recevoir l'essaim de jolies demoiselles. Allez, allez folâtrer sous le feuillage du chêne robuste et du bouleau de la mélancolie. Surtout, prends garde à ton chapeau de paille, s'il vit encore. Tu dois te rappeler qu'on le remplissait d'une bonne partie du mauvais déjeûner d'Ezéchiel.

Embrasse bien ma sœur pour moi, mes petites nièces [et] neveux. N'oublie pas de dire bien des choses à Sennegon. Fais pour moi la ronde et ne manque pas de bien nuancer. Lorsque tu écriras à Faulte, bien des amitiés de ma part. Mes respects à M. et Mme Osmond ainsi qu'à M' André. Et ce bon Amable, je ne l'oublie pas.

St tu ne souffres et que tu répondes promptement, tu pourras te flatter de faire plaisir à ton ami sincère.

Camille Corot.

Toujours à Rome.

*<br>* *

Cette lettre, écrite à proximité de la cascade de Papigno et dans le fracas de ses eaux tumultueuses *(Fig. 270)*, marque une heure décisive dans la carrière amoureuse de Corot. Il a renoncé délibérément au mariage et, s'il y pense désormais, ce sera pour s'en défendre de toutes ses forces. Mais, son inclination sentimentale n'a pas changé. Paris et les dames de la rue du Bac occupent toujours sa pensée, et il marivaude de plus belle avec ces charmantes personnes par l'entremise de son fidèle correspondant. A l'automne, il est rentré à Rome et, reprenant la plume après avoir fait attendre sa réponse à un message reçu depuis six semaines, voici ce qu'il écrit.

Rome, ce 29 8<sup>bre</sup> 1826.

Mon bon Abel, j'ai bien tardé à répondre à ta lettre du 9 septembre. Mais, nous autres paysagistes, nous sommes des diables lorsque nous sommes dans les montagnes. Tout le jour à travailler et, le soir, harassés, il nous est impossible de nous remettre à autre chose. C'était le séjour de Rome que j'attendais pour pouvoir te répondre. J'y suis revenu il y a quinze jours environ et, à peine arrivé, je suis reparti faire une petite campagne dans le voisinage, qui, malheureuse comme les autres, m'a forcé de rentrer encore une fois à Rome. Et je ne veux pas plus longtemps remettre ma réponse. Il peut y avoir beaucoup de poussière dans ton bureau à Paris, mais je te garantis qu'en Italie, je n'ai vu que de la crotte.

Je te remercie bien du zèle que tu as mis à remplir toutes les commissions que je t'avais prié de me faire, et je suis enchanté que cela t'ait procuré le plaisir de te rencontrer avec les personnes aimables que tu m'as nommées. Moi, je m'aperçois bien aussi que je suis loin de vous. Si je n'avais la forte occupation des études, je serais toujours triste; mais, il faut espérer que nous ne serons pas encore assez vieux, à mon retour, pour ne pouvoir plus faire encore quelques parties. Et alors, je vais travailler à conserver mon goût prononcé pour la musique, afin de faire aussi ma partie dans les chœurs. Heureux Abel, dis à ces dames que je suis bien sensible à leur aimable compliment. Il faut faire plus pour les demoiselles Saint-Laurent, qui t'ont chargé tout particulièrement. Malheureux que je suis, vous avez parlé de moi! Je préférerais bien mieux être près de vous et que nous parlassions d'autre chose. Ces deux demoiselles auraient bien tort de ne pas penser quelquefois à leur élève, qui pense toujours à elles; et, comme tu le dis fort élégamment, je ne demanderais pas mieux [que] de donner en revanche d'autres leçons à la plus grande des deux. Il paraît que cette dernière avait à sa gauche une voisine qui n'est pas trop mal, d'après le portrait que tu m'en fais. Si je n'étais pas aussi raisonnable que je le suis, tu pourrais vraiment me donner des regrets de me trouver à Rome tandis que je pourrais folâtrer auprès de personnes aussi séduisantes. Dis-lui bien que si elle ne veut pas promettre d'avoir la complaisance de ne pas quitter le bon coin de la rue du Bac avant mon retour, je me vengerai en la plaçant dans mes paysages toujours en plein soleil, pour faire disparaître l'aimable fraîcheur de son teint. Si, au contraire, elle veut me faire espérer, je la placerai agréablement sur le gazon, à l'ombre fraîche d'un bois touffu ; et je pourrai placer près d'elle un particulier de Saint-Lô en Normandie, pour la désennuyer et la faire sourire. Coquin, te voilà bien content que d'Adèle on ait fait Adine. Effectivement, ce nom me paraît d'un très bon augure.

Tu remercieras bien Mad⁺ Anath de son souvenir et dis-lui tout haut, devant ces dames, ces propres paroles : « Qu'il a fallu de grands motifs pour m'empêcher d'aller lui faire une seconde visite ; mais, à mon retour de ma campagne inattendue, je me promets bien de m'élancer rue du Bac. »

... Je compte trouver toutes ces dames réunies près du poêle ; les unes devant, les autres dessus. Tâche de t'y trouver ; nous pourrons rire. A part ces plaisanteries, je suis bien impatient de voir arriver l'époque où j'en ferai de réelles.

Tu me parles en bien de mon petit tableau. Mon pauvre Abel, persuade-toi bien, malheureusement pour moi, que c'est réellement mauvais, et pense quel travail et quelle peine pour tâcher de faire bien...

La dernière page de l'épître est occupée par une commission plus terre-à-terre que celles dont l'artiste charge habituellement son ami. Il s'agit de lui faire parvenir des couleurs dont il a besoin, que son camarade Fleury ira prendre « quai de l'Ecole, au Spectre Solaire » et lui expédiera par une « occasion » quelconque. Nous avons déjà transcrit le passage ailleurs. Après cette digression utilitaire, le fidèle soupirant de « ces dames » recommande, selon son habitude, à son interprète auprès d'elles de les embrasser « en fin coloriste ». Il ajoute une plaisanterie à l'adresse de « Mlle Adine » et termine par une dernière allusion aux douces soirées dont il lui coûte tant d'être privé par l'éloignement.

Comme la musique de la Dame Blanche a dû te faire plaisir au milieu de deux demoiselles aimables. Je crois que le bonheur que tu as dû avoir te rendra aussi musicien que moi.

En attendant tes progrès, je t'embrasse et suis ton ami.

Camille Corot.

Nous lisons entre ces lignes que la musique égayait les rendez-vous de Corot et de ses gracieuses amies avant son départ pour la terre étrangère. Il était « leur élève » et participait aux chœurs où la voix de ces nymphes enchanteresses se faisait entendre. Voilà un privilège qu'il n'a pas abdiqué, et qu'il revendique pour un avenir encore lointain. Et puis, son imagination place déjà ces agréables musiciennes sur l'herbe fraîche des paysages qu'il peindra plus tard, lorsque, après ces années d'épreuve, on le reverra enfin sur les bords de la Seine. Un artiste n'imagine pas de plus déférent hommage aux héroïnes de ses pensées. Et plus il va, plus Corot se sent artiste dans l'âme. Les difficultés du métier lui causent mille tourments ; mais ces tourments, loin de la décourager, aiguillonnent son ardeur. Il s'est juré de peindre de beaux paysages. C'est son unique objectif ; il lui sacrifie tout le reste.

Son acharnement au travail *(Fig. 271 et 272)* le conduit même à négliger sa correspondance. A Paris, on se plaint de lui. Sa sœur le gourmande, et son cher Abel n'est pas content non plus. Aussi, la lettre qu'il adresse à ce dernier le 10 mars 1827, après plus de quatre mois de silence, commence-t-elle par des excuses.

Rome, ce 10 mars 1827.

J'ai reçu hier, mon bon Abel, une lettre de Mme Sennegon ainsi que de Monsieur. J'y suis bien soigné ; on ne paraît pas disposé à me pardonner ma

négligence. Mme Sennegon te met en avant; elle me dit que tu te plains aussi.
Je te garantis que, pour vous écrire, je voudrais avoir la tête bien libre de
tourments et d'inquiétudes ; et, chaque soir, je pense à la peine que j'ai eu
tout le jour et à la peine que j'aurai le lendemain. Tout cela ne dispose pas
à écrire; mais, j'ai fait une réflexion; c'est que, l'essentiel est de donner de
ses nouvelles. Dorénavant, je bavarderai moins. Dès lors, je trouverai
moyen d'en donner plus souvent...

Malgré son affairement, le gars a trouvé le temps de faire la
connaissance des Romaines et de leurs attraits. C'est la première fois qu'il leur consacre une mention. Les termes en sont
un peu lestes et contiennent certaines audaces qu'on ne se permet d'ordinaire qu'en latin. Il faut absolument couper quelques
mots par trop scabreux.

Tu me demandes des nouvelles des Romaines. Ce sont toujours les
plus belles femmes du monde que je connais. J'en possède de temps en
temps; mais cela coûte. Toutes ne sont pas voluptueuses... Cela me rappelait la rue du Pélican. Malgré cela, les yeux, les épaules, les mains et les
culs sont superbes. En cela, elles l'emportent sur nos dames; mais, en
revanche, elles leur cèdent en grâce, en amabilité. Quelle différence! Vois
qui tu préférerais. Moi, comme peintre, j'aime mieux l'Italienne; mais,
pour faire le sentiment, je me penche sur la Française.

Et, tout de suite, le cœur de l'incorrigible sentimentaliste
évoque celle qui, malgré tout, demeure la dame de ses pensées.
Il continue, sans transition :

A propos de ça, Mlle Anna doit mieux se porter. J'ai prié pour elle.
Embrasse-la bien pour moi, à condition qu'elle me le rendra.

Puis, selon sa coutume, il cède à la fantaisie et, poursuivant
sur le ton de la plaisanterie :

Encore une promesse à laquelle j'ai manqué. Je me proposais de faire
une visite chez ces dames. Pour me présenter devant elles, il faut que je
sois revêtu de mon caractère ordinaire: il faut que je sois gai: et, vraiment,
je ne suis pas encore disposé à dire des farces. Je ne sais vraiment si c'est

un bonheur ; mais ma peinture, par moment, me paraît bien mauvaise malgré que quelques-uns me disent que j'ai fait des progrès. Je n'ai qu'un conseil à te donner : ne fais jamais de peinture si tu veux vivre tranquille.

Après les embrassades d'usage, l'épître, écourtée, s'arrête. « Excuse-moi de t'en dire si peu, fait avec une nuance de rancune l'homme qu'on a boudé pour sa négligence. Ainsi, je serai plus à même de t'écrire aux époques que j'ai promis. »

*<br>* *

En dépit de ce compromis, son exactitude se laissera encore prendre en défaut et, la fois suivante, il sera encore contraint aux excuses.

Ce 23 août 1827.

Mon cher Abel, j'ai reçu deux lettres de toi et j'ai tant tardé à te répondre. Je suis coupable, mais j'ai tant de tracas à la campagne que je ne puis me décider à me livrer aux douceurs de la conversation épistolaire. Je suis à Rome pour deux ou trois jours : je profite de ce moment de repos pour te remercier des nouvelles que tu m'apprends.

Ces « nouvelles » ne sont point banales. La dame dont le souvenir a si souvent ému son cœur, la « gentille Anna » de ses rêves vient de prendre un mari. La façon dont l'événement est accueilli marque une phase nouvelle et inattendue du roman de Corot.

Citons textuellement :

Elle est mariée, cette gentille Anna. Cela ne peut pas m'affecter, car je n'ai jamais eu l'idée de l'épouser. Plus je vais, plus je me persuade que je ne suis pas destiné à faire un mari. Je te dirai à toi, mon bon Abel, que je ne l'oublie pas pour cela. Je l'aime toujours beaucoup. Tu sais qu'elle s'était engagée avec moi pour faire du paysage. Pour ne pas me retirer tout mon courage, elle me promet d'être toujours mon associée : elle m'a écrit (je te le dis à toi) et me fait espérer de pouvoir rire ensemble, de nous revoir. Je te laisse à penser si je suis content. Je ne suis pas oublié : je ferai donc de bons paysages. Il paraît que ce mariage, d'après ton récit, a fièrement remué ces dames. C'est bien naturel. Je pense que, chaque soir, il leur manque quelque chose.

Il faut croire que l'ami Faulte, l'ancien camarade d'Abel à Polytechnique, exilé en province sous l'uniforme militaire, partageait l'aversion du jeune peintre pour l'union conjugale. Car celui-ci ajoute ces mots laconiques :

Je fais mon compliment à Faulte : le mariage nous rend esclaves.

Après quoi, il revient à sa chère peinture et aux « tracas » qu'elle lui cause trop souvent. J'ai déjà cité autrefois le passage. Je le reproduis quand même ; car il peint un « état d'âme » des plus curieux.

Pour la démoralisation, je vais l'expliquer. Notre sacrée peinture est terrible pour cela. Aujourd'hui, nous nous flattons, nous nous regardons comme des génies supérieurs. Demain, nous rougissons de nos ouvrages, nous ne sommes capables de rien. Il ne faut pas trop s'affoler de cela : nous sommes des fous, on le sait. Je reviens en ce moment de la campagne. Eh bien, je ne suis pas enchanté de moi ; espérons que j'aurai un plus agréable lendemain. Il me faudra beaucoup de plaisir et de bonheur à mon retour pour balancer les peines et les fatigues d'une absence aussi longue. J'ai demandé à la maison une prolongation : il faut que je la regarde comme bien nécessaire. Au surplus, je tâcherai de l'amincir le plus possible.

A la suite de cet examen de conscience professionnel, la lettre s'achève par un retour aux douces visions qui émanent de France.

C'est bien aimable à toi de fouler le sable de la nature *de Ville-d'Avray*. Nous l'avons foulé ensemble. Celui d'Italie est fièrement brûlant. Aussi, je ne marche pas dessus avec des chaussons de bal.

Fleury m'a remis ta lettre (*Léon Fleury, son camarade de l'atelier Bertin, venait d'arriver à Rome*). Je ne puis pas deviner quelle est cette mystérieuse demoiselle qui dansa avec toi en mon honneur. Je ne suis pas fort.

Cependant, si tu la rencontres par hasard dans les sombres galeries de son palais, exprime-lui combien j'ai été sensible à ce délicat souvenir... Adieu, mon bon ami. Pense toujours bien à moi ; car je t'aime.

La lettre suivante, datée encore de Rome, est du 14 novembre 1827.

L'inexactitude de Corot envers ses correspondants les a sans doute gagnés. C'est lui qui, à son tour. souffre du manque de nouvelles. La nostalgie l'a saisi, et il confie à la poste la tristesse de son âme en peine, que « l'article féminin » regaillardit tout de même à la fin, en lui fournissant la matière d'une profession de foi des plus piquantes. Voici le billet.

Rome, ce 14 novembre 1827.

Mon cher Abel,

Il faut que j'aie bien du malheur. Me voilà sans lettres depuis trois mois. Je n'y conçois rien. Il faut qu'il y en ait de perdues. Je commence à m'apercevoir que l'absence a de terribles inconvénients. J'attends chaque courrier avec impatience ! Toi-même, je suis sûr que tu as eu la bonté de m'en écrire une : eh bien, elle a probablement eu le même sort que les autres. C'est bien agréable ! Ecris-moi, donc je t'en prie. Donne-moi de tes nouvelles, de celles de la maison et de la rue du Bac. Je meurs de soif. Je me figure qu'on ne m'aime plus, tandis que, moi, je me donne un mal pour tâcher de pouvoir rentrer en France le mois d'octobre 1828. J'espère que tu seras le même pour moi. Tu m'auras pardonné ma négligence à t'écrire. Si, moi, j'avais une seule lettre, je ne marquerais pas tant d'inquiétude.

A Faulte dis bien des choses ainsi qu'à Lecamus. Je crains bien que le premier n'ait pas un excellent maître d'italien. Je suis fièrement ignorant., Tu voudras bien me rappeler au souvenir de tes oncle et tante. Je me vois dans un an, faire avec toi un tour à Passy et leur raconter sur l'Italie. Je tâcherai d'être toujours vrai. Il n'y a que sur l'article des femmes que je ne dois pas l'être. Je dirai (c'est un parti pris) que j'ai eu beaucoup de bonnes fortunes, afin de n'avoir pas à rougir de n'avoir vu que des femmes publiques. Quand je serai en France, ce sera l'inverse. Je ne verrai que des femmes *honnêtes*, et je dirai que je ne connais que des femmes galantes. Il faudra cacher son jeu...

Embrasse Papa, Maman, Mme Sennegon pour moi. Ah ! ces dames aussi ! Tu n'as plus besoin d'être coloriste, puisqu'elle est rue St-Denis.

Ecris à ton ami dévoué.

Camille Corot.

*<br>* *

Cette lettre est l'avant-dernière datée de Rome. La dernière fut écrite le 2 février 1828, six mois avant le départ du peintre pour la France. La première partie de ce message in-extremis expédié par lui figure dans dans notre *Histoire de Corot*. C'est une naïve et touchante défense contre des « soupçons défavorables » que sa conduite a éveillés au sein de sa famille. La fin seule est encore inédite. L'« exilé » s'y occupe encore une fois de l'aimable société qu'il a laissée derrière lui rue du Bac. C'est un salut suprême, adressé, avant le retour qui le jettera entre leurs bras, aux séduisantes amies que trois années n'a pas arrachées de sa mémoire amoureuse. Qu'on lise le morceau dans son entier.

Rome, le 2 février 1828.

Mon cher Abel, j'ai reçu ton agréable lettre et, il est trop vrai, j'ai été bien coupable à ton égard. Tu n'as pas besoin de t'excuser de ton retard. Mais, écoute, franchement, ta position de Parisien est bien plus avantageuse pour donner des nouvelles ou causer de ces riens qui intéressent tant. Tu es là, au milieu de nos parents et amis. Tu peux me parler d'eux, me raconter ce qui se passe. Et moi, Romain, au contraire : je ne puis vraiment te parler que de peinture, et je dois craindre de te fatiguer.

Pour le monde et la société, je n'y vais point. Sinon, je pourrais au moins te parler des jolies personnes que j'y pourrais rencontrer. Mais Behr n'est point tout à fait aussi ours que moi : il va partout; il est lancé chez tous les ambassadeurs; il ne manque ni soirées ni bals. J'ai cependant trouvé le moment de lui communiquer ce que tu m'adressais pour lui. Il te remercie : il est très sensible à ton souvenir ainsi que Fleury, qui vit à Rome juste comme moi. Il travaille depuis le matin jusqu'au soir; puis, se couche pour recommencer la même chose le lendemain. Ce que c'est

que la vie : avec une pareille conduite, on n'est pas encore à l'abri des
reproches. D'après ce que tu me dis, il paraît que maman craint que ma conduite à Rome ne soit pas des meilleures. Voilà une chose que je ne puis
digérer : c'est que, n'ayant jamais indiqué des dispositions au dérangement,
l'on soit si prompt à mal interpréter une demande d'argent. Je te dirai
donc, à toi seul, la cause de ce besoin. Nous devions faire une campagne
avec Fleury. Fleury, n'ayant pas d'argent, aurait été privé de voir un pays
superbe. Je savais avoir à Paris de quoi y satisfaire : je me suis donc décidé
à tirer sur mon père, en lui disant que le petit capital que j'ai le paierait.
Quel est le jeune homme qui n'en aurait fait autant ? Cependant, aux yeux
de mon père et de ma mère, je suis devenu coupable, et cette affaire donne
lieu à des interprétations qui ne me sont nullement favorables. Quand
donc pourront-ils me juger autrement ? Auprès de toi, je ne crois pas m'hu-
milier en me justifiant ; mais, auprès de mon père, je n'oserais pas le faire.
Que cela reste entre nous : n'en dis rien à personne ; ne laisse pas même
cela à penser. Car, on croirait de suite que je vais demander tous les jours
de l'argent pour soulager mes camarades à Rome. Mais, heureusement
pour eux, ils n'en ont pas besoin. C'était un cas extraordinaire : Fleury
est plus à son aise, et nous n'aurons plus besoin, je l'espère, d'extra.

On trouve donc décidément que j'ai fait quelques progrès ? Je te dirai
que nous avons un hiver superbe et que je me croirais coupable de ne pas
en profiter pour aller travailler dehors. Ainsi donc, d'après cela, j'ai ébauché
deux tableaux que je n'exécuterai qu'à Paris. Il n'y a pas de mal, je crois,
que je fasse, une année de plus, des études, afin que l'exécution n'en soit
pas aussi faible que dans ceux que tu as vus à l'exposition. Je suis très flatté
de la commande que tu me donnes : mais je ne pourrai y satisfaire qu'à
Paris, plus tourmenté des études. Je te trouve toujours très heureux de
pouvoir rencontrer ces dames. Je crains que ma jolie collaboratrice n'ait
abandonné son vilain associé. Ce serait une véritable perfidie, au moment
où nous nous lançons au public. Cependant, je reçois avec un plaisir mêlé
de tristesse les compliments que tu m'adresses de leur part. C'est toi qui
crois qu'elles se sont figurées folâtrant sur le gazon italien. Je crains bien
qu'il n'y en ait rien. C'est ta bonté qui t'a suggéré cette idée. J'ai mille
remerciements à te faire de m'avoir conservé aimable auprès de ces dames
par ton sac de pralines.

Plus je vais, et plus je suis tolérant. Tous les jours, on apprend à se
connaître : ce qui vous oblige de fermer les yeux sur les fautes d'autrui.

D'après cela, si, parce que je n'ai pas deviné, pourquoi ne plus danser en mon honneur ? C'est vraiment trop de susceptibilité. Avec moi, il faut l'être moins ; car on se trouve souvent offensé bien involontairement. J'aime donc croire que vous avez fièrement dansé pour moi.

Lorsque tu auras occasion de voir mes parents, ne m'oublie pas auprès d'eux. Embrasse toutes ces dames pour moi. Présente mes respects à tes oncle et tante. Mes amitiés à Faulte, Amable, Lecamus, Scribe et M. Duverney.

Ton ami qui t'embrasse de bon cœur,

Camille Corot.

Le mot de l'énigme est que Mlle Adèle m'avait donné comme souvenir un petit capucin faisant tabatière. Je ne l'ai pas perdu : je l'ai toujours dans mon tiroir.

C'est toujours le même badinage de grand enfant. Avec quelle ingénuité il s'attarde aux agaceries innocentes d'une danseuse qui a refusé de « danser en son honneur ! » Avec quelle candeur il parle de ce « petit capucin faisant tabatière », cadeau d'une douce amie, qu'il conserve toujours « dans son tiroir », et aussi de ce sac de pralines que son mandataire sentimental n'a pas manqué d'offrir au jour de l'an, suivant ses instructions, à « ces dames », pour leur rappeler l'absent ! Comme il se montre anxieux que ces compagnes de plaisir, dont sa mémoire garde un si tendre souvenir, lui témoignent une égale constance ! Sa sentimentalité ne s'est point égarée ailleurs. Dans un post-scriptum dont certains termes sont d'une crudité trop grande pour être reproduits, mais dont on lira l'essentiel, il se plaît à en répéter l'affirmation :

A Rome, il ne peut exister un individu plus froid que moi pour les femmes... Au surplus, tu auras peut-être occasion de voir des camarades de Rome. Tu pourras savoir ce qu'il en est.

La déclaration est catégorique. Aucune parcelle de son cœur ne s'est éparpillée sur le sol italien. Sa chasteté morale reste intacte. Son âme poétique appartient toujours aux Parisiennes de la rue du Bac.

*
* *

On sait que c'est sur la fin de l'automne de 1828 qu'il reparut
au milieu d'elles. Il passa l'hiver à peindre, à Paris, des paysages
en chambre, dans le voisinage des gracieux minois dont l'apparition radieuse illuminait de temps à autre l'atelier *(Fig. 274)*. Mais
aussitôt les frimas passés et le printemps réapparu, adieu la ville
et ses attraits. La nature appelait aux champs le paysagiste, son
disciple, et celui-ci, docile, obéissait à cette maîtresse impérieuse. Le 8 juin 1829, il se mettait en route pour la Normandie
*(Fig. 277 et 278)*. Il y avait passé plus d'un mois déjà lorsque, le
18 juillet, il prenait la plume pour donner de ses nouvelles à son
cher Abel. Honfleur et les sites enchanteurs de la côte de Grâce
avaient arrêté ses pinceaux, en attendant qu'ils allassent chercher
dans le « petit pays » sauvage et pittoresque qu'était encore Trouville les « motifs charmants » dont ce lieu « fourmillait ». De ce
nouveau terrain d'apprentissage, c'est encore vers « ces dames »
que son esprit s'envolait. Le penchant qui l'inclinait vers elles
avait-il un peu entamé sa volonté cramponnée au célibat ? Se
sentait-il sur le point de défaillir en faveur de celle qu'il
nomme avec grâce « son étoile du matin » ? Mlle Legoux, cette
étoile qui éclairait alors l'abîme en train de « s'entr'ouvrir sous
ses pas », c'est la jeune personne qui, déjà en Italie, occupait
ses pensées sous le nom d'Alexina, et à qui il avait fait si pudi-
quement la cour en lui adressant un chapelet bénit par le pape.
Rien de plus curieux que le billet où l'agitation de son âme se
fait jour en quelques mots qu'il semble regretter aussitôt lâchés,
et à propos desquels il s'écrie : « Voilà des phrases ! » Il faut donc
lire avec attention ces lignes poétiques et pathétiques.

Honfleur, 16 juillet 1829.

Mon cher ami, je vais si lentement en peinture que je ne pourrai voir
St-Lô cette année. Je réserve cette course pour l'époque où tu iras. Je suis

à Honfleur dans ce moment et, en un mois que je dois y rester, je n'aurai pas fait grand chose. Je réserve le mois d'août pour voir un petit pays appelé Trouville, qui fourmille de *motifs* charmants. Cela n'empêchera pas que je vous fasse vos petits tableaux. Bien des amitiés à Faulte. Dis-lui que je m'applique beaucoup et que je fais bien tous mes efforts pour réaliser sa prédiction. Mais, la nature est toujours difficile à saisir. Si tu vas visiter ces dames, je te prierai de leur dire bien des choses de ma part. Mlle Legoux est-elle rétablie ? Mon étoile du matin sera-t-elle conservée à son ami ? Je ne puis écrire ces mots sans répandre quelques larmes. J'en veux au Ciel qui me fit rencontrer cette étoile, qui éclaire l'abîme qui s'entr'ouvre sous mes pas. Voilà des phrases !

Fais-moi le plaisir de prendre dans mon armoire un gilet de flanelle, que tu feras remettre de suite chez M. Barbot, rue Cadet, n° 11. Il a un envoi à faire à son frère, qui est avec nous à la campagne. Tu m'obligerais beaucoup. Mes respects à tes oncle et tante.

Adieu, mon ami. Je rentrerai à Paris vers la fin d'août. En attendant, écris-moi : M. Corot, chez M. Hurel, négociant à Honfleur.

Ton ami.<br>Camille Corot.

Celui qui signe cette lettre a reçu du malin archer Cupidon un trait plus piquant que les autres le jour où son œil s'est arrêté avec complaisance sur les charmes de Mlle Legoux. Nous connaissions déjà l'aventure. Cette amourette qui menaça de prendre un tour sérieux nous avait été contée jadis par le détenteur d'un petit portrait peint d'après la demoiselle par son amoureux (*Fig. 276*). Un neveu de la séduisante Alexina, des mains duquel l'image passait un jour entre les nôtres, nous initiait, à cette occasion, au petit roman qu'elle rappelle. L'objet fait pendant aujourd'hui, dans une salle de musée, au portrait de Corot par lui-même tracé à la veille de son départ pour l'Italie. Les deux tourtereaux se regardent du fond de leurs cadres. Corot et son « étoile du matin » se sont rejoints par un caprice de la destinée. La toile qu'éclaire le sourire de la jeune fille ne porte aucune date. Mais, qu'elle ait été peinte à la veille ou au lendemain de

l'amoureuse lettre, elle évoque de toute façon l'heure critique
où l'artiste, sous l'empire de la captivante prunelle, faillit franchir le pas si redouté qui le séparait du mariage.

* *<br>*

En ce temps-là, on le sait, Corot se plaisait à payer tribut à
l'amitié ou à s'acquitter d'un devoir familial en portraiturant
mainte physionomie de son entourage. Tantôt, c'était un neveu
ou une nièce qui posait devant lui; tantôt, une vieille servante
ou bien un camarade. L'hiver de 1829 vit plusieurs de ses
intimes se succéder comme modèles devant son chevalet. Ce
furent notamment son fidèle Abel Osmond et l'ami Faulte,
ce militaire qui, si j'entends bien un passage de la dernière
lettre citée, avait su prophétiser juste en prédisant à son peintre
un brillant avenir. Cependant, Corot ne brûlait pas les étapes.
Fontainebleau commençait à faire concurrence à l'Italie comme
école de paysage *(Fig. 280)*. C'est sur cette autre terre classique
que nous transporte bientôt une nouvelle épître. Nous sommes
en 1831, au mois de juillet. L'artiste est campé sur les confins
de la forêt, à Chailly, chez la mère Lemoine. Il loge là avec un
certain Desbrochers, qui travaille aussi la peinture. Deux ans ont
passé depuis la fameuse allusion à « l'abîme qui s'entr'ouvrait
sous ses pas ». Le ton de ses discours a changé. A peine s'informera-t-il, dans une phrase banale, de ce que deviennent « ces
dames ». L'heure n'est plus au sentiment qui, dorénavant,
semble banni de sa correspondance. Les « dryades » et les
« hamadryades » qu'il rencontre dans les « fêtes de village », ces
filles rustiques qui « l'adorent », avec lesquelles il « saute » et
« folâtre » comme un jeune ægypan, trompent sans la satisfaire
« l'ardeur qui le dévore ». Mais, la rue du Bac et ses séduisantes
hôtesses bénéficient-elles encore de son empire sur lui-même
et gardent-elles la clef de son cœur ? Rien n'autorise à l'affirmer.

Fig. 274. — Petite amie coiffée du bonnet de faveur, 1831.

Fig. 275. — Ferdinand Osmond, 1835.

Fig. 276. — Alexina Legoux, vers 1830

Fig. 277. — Le calvaire de la côte de Grâce, 1829.

Fig. 278. — La mer à Sainte-Adresse, vers 1830.

Cette lettre de Chailly pourrait faire craindre le contraire. Qu'on en juge.

Chailly, le    juillet 1831 (*sic*)

Mon cher Abel, je sais par Mme Sennegon que tu m'as trouvé paresseux. Je ne le suis pourtant pas beaucoup. Je pars de bonne heure à la forêt ; je rentre tard, un peu fatigué, peu en train d'écrire. Je cherche la nature des beaux chênes de la forêt. Je fais bien de m'en contenter ; car il ne serait pas facile d'en chercher d'autre par ici. Plus tard, je m'en occuperai. Comment vont ces dames ? Madame Sennegon, Monsieur, la famille enfin ? Moi, je vais bien. Annonce-le à toute la capitale. Je folâtre ; je vais à la noce, aux fêtes de village. Je saute avec les dryades, les hamadryades de la vallée. Elles sont charmantes : je suis adoré de toutes. Je ne sais comment *faire*. Je vais, pour cacher mes larmes, je vais m'enfoncer au plus profond de la forêt. Si je n'y rencontre point de ces belles, j'y trouve au moins la fraîcheur, *frigus opacum* des anciens, très convenable à mon *état*, pour calmer l'ardeur qui me dévore. Malgré ces phrases, je n'ai point encore fait de chef-d'œuvre : cela viendra peut-être.

Desbrochers me charge de te dire bien des choses. Moi, ne m'oublie pas auprès de tes deux frères et Faulte.

Ton ami,
Camille Corot.
Vve Lemoine, à Chailly près Fontainebleau.

*
* *

Après cette confession d'un faune chaste malgré lui, il nous reste encore cinq lettres à lire pour avoir épuisé le paquet. Mais, c'en est fini du badinage sentimental, qui trahissait toujours jusque-là quelque passion mal contenue. Nulle Anna, nulle Alexina ne dispute désormais le voyageur, lorsqu'il prend la plume, à ses préoccupations exclusivement artistiques. Le roman est-il fini ? Qui sait ? Le principal intéressé met un terme à ses confidences : personne ne le remplacera.

Les lettres dont nous avons encore à prendre connaissance nous conduisent en 1833. Le 30 janvier de cette année-là, Corot

écrit de Rouen. Il est installé rue Beauvoisine 32, chez ce Sennegon qui fut son correspondant lorsqu'il était collégien en cette
ville et qui, depuis, est devenu le beau-père de sa sœur. Il est
en train d'y préparer un grand tableau, qui figurera quelque
jour au Salon. Il a entrepris de peindre le port, si pittoresque avec
ses mâtures variées et le grouillement de son activité affairée.
Il « travaille à force » pour « mener grand train ce superbe paysage ». Ce sont ses propres expressions. Aussi ne s'attarde-t-il
pas à un vain bavardage. Après de brèves protestations d'amitié
à l'adresse de son correspondant et de son entourage, il quitte
son monde à brûle-pourpoint, en s'écriant avec une emphase
que corrige un sourire : « Déjà la brise du matin soulève dans
les airs les voiles frémissantes des navires du port de Rouen. »
« Son motif » le rappelle : il ne s'appartient plus.

Le printemps suivant, nous trouvons notre personnage à
Soissons. Un industriel de cette ville, du nom d'Henry, lié avec
sa famille, lui a demandé de peindre pour lui sa fabrique et de
donner pour pendant à ce sujet la vue sur la ville dont on jouit
des fenêtres de l'établissement. Le jeune artiste s'est mis en
devoir de répondre à cette demande. « Je suis installé chez
M$^r$ Henry, écrit-il le 23 mai. Je travaille à ses tableaux. » Chez son
hôte, il a rencontré un ancien tapissier épris d'amour pour la
peinture, qui s'appelle Grandjean. C'est un joyeux compagnon,
dont la société n'est pas pour lui déplaire. Ce qui fait qu'il
ajoute : « Je suis depuis une quinzaine avec M. Grandjean. Je
fais quelques promenades dans les environs : je suis content. »
J'ai déjà conté que les deux chefs-d'œuvre d'application consciencieuse, dignes du primitif le plus expert à fouiller la nature
dans ses moindres détails, dont l'artiste gratifia son client, n'en-
richirent point sa bourse. Sa modestie ne prévenait point en
faveur de son talent. M. Henry ne se douta pas que sa commande
était susceptible de comporter un salaire pécuniaire. Corot pas-

sait et passa longtemps encore pour un de ces « amateurs » auxquels c'est faire honneur que de mettre en lumière leurs productions artistiques, et envers qui cet hommage gratuit tient lieu
d'émoluments.

Cet amateur était un travailleur acharné, qui s'arrangeait
pour ne pas perdre une heure de la belle saison, et pour bénéficier de chacune au profit de son perfectionnement professionnel. Dans sa lettre de Soissons, il écrivait : « Je retournerai à
Paris vers le 23 ou 25 juin, pour repartir vers le commencement
de juillet pour la ville de St-Lô, St-Evremond du Bon Fossé, les
rocs du Han, et cœtera, etc. ». Ce plan fut mis à exécution avec
ponctualité. En juillet, le peintre était arrivé au pays natal de
son cher Abel et, le 23, il adressait à celui-ci une missive datée
du village de Trois-gots, séjour d'une partie de sa famille, qui
l'hébergeait. Voici cette lettre, consacrée à l'éloge du pays et des
sujets de tableaux qu'il fournit à son visiteur.

Trois-got, 23 juillet 1833.

Mon cher Abel,

J'ai bien tardé à t'écrire, mon intention étant de causer avec toi lorsque j'aurais vu le pays qui t'a vu naître. Un double intérêt me l'a fait voir
avec plaisir : c'est ton pays ; en outre, il m'offre de nombreux sujets de
paysages. Du côté où tu as dessiné les rochers que j'ai à la maison, il y a,
sous les arbres, à gauche, des détails de rochers et de lierre, pour des
premiers plans, d'une grande beauté. Près de là est un ruisseau qui passe
sous un pont : il y a des fragments de rochers éboulés, qui sont d'une très
belle couleur. Ce soir, nous sommes allés visiter les *fameuses* roches de
Ham ; elles sont belles et d'aspect imposant ; cela doit t'en dire assez pour te
prouver que je les aime. Seulement, au milieu de tous ces matériaux, il ne
me sera pas possible de faire beaucoup de choses. Je dois me fixer, cette
année, à une étude des roches de Ham, une vue du moulin Hébert avec le
chemin qui monte, en quittant les rochers ; et puis, une étude de ces fragments de roches éboulées dans le ruisseau, dont il fut question de l'autre
part. Pour tout cela, il me faudra encore huit ou dix jours... Rentré à St-
Lô, je me promets de continuer ma vue de la ville que j'ai entreprise et,

en rentrant, tu me demanderas ce que tu désires que je te fasse en tableau.

Nous sommes allés à St-Martin, chez ta sœur Rosalie : il est impossible d'être mieux accueilli. J'en remercie le frère et la sœur. J'ai fait une étude du château de la Motte pour M. André Osmond. En courant la poste comme nous faisons, il m'a été impossible de terminer davantage. Enfin, je l'offre comme un souvenir. J'ai été aussi parfaitement reçu chez M. Requier. Nous fûmes chanter à Candol. J'ai visité vos bois, vos prés, vos champs. En attendant que j'aie le plaisir de vous revoir, je vous dis bien des choses...

Je t'embrasse de tout cœur.

Camille Corot.

Il paraît que c'est sur le pont de Candol que l'exclamation de « Où es-tu, Corot ? » se fit entendre. J'y ai passé...

La plupart des peintures inspirées par les motifs mentionnés dans cette lettre figurent dans le catalogue de l'œuvre de Corot que nous avons publié jadis. La *vue de St-Lô*, dont il parle, ne fut jamais achevée ; mais, telle qu'il l'a laissée, elle demeure un morceau magistral *(Fig. 279)*. Son guide en cette ville de St-Lô avait été le propre frère d'Abel Osmond, Ferdinand, son cadet de quelques années, dont il existe un petit portrait, peint par son compagnon de voyage deux ans plus tard *(Fig. 275)*. Ce portrait, dont nous n'avons eu connaissance que récemment, se trouve reproduit ici pour la première fois. Après le séjour à St-Lô et aux environs, Ferdinand Osmond accompagna son ami un peu plus loin. Les Osmond avaient des parents du côté de Granville : on poussa jusque-là. De Granville, Corot chargeait de nouveau la poste de quelques mots pour Abel. C'était le dimanche 11 août 1833. Le billet décrivait les bombances dont cette excursion avait été l'occasion et les réceptions organisées par des hôtes trop plantureusement accueillants. Lisez plutôt.

... Tu es faubourg St-Denis 76, buvant, mangeant avec modération. Il n'en est pas ainsi de nous. Je crois que nous n'avons pas été, depuis notre départ, cinq jours sans être entrain. Quel perfide c'est que le cidre du département de la Manche: tant il est vrai qu'il m'agitait tellement les nerfs du cerveau et des membres qu'il m'était de toute impossibilité de peindre l'après-midi. Encore m'en ressentais-je le lendemain. D'après cela, tu penseras si je dois rapporter des chefs-d'œuvre. Il est vrai, ce voyage ne m'a pas servi comme peinture; mais, il m'aura fait connaître comment tes amis sont reçus par tous tes parents et connaissances, qui m'ont comblé de politesses et de soins. Lorsque je t'aurai embrassé, je te donnerai les détails...

Ce message est le dernier de cette saison-là. Nous en possédons un seul de l'année suivante. Le printemps est en train de s'épanouir. Corot a quitté Paris pour le Nivernais. Une de ses nièces, devenue Mme Baudot, l'a attiré à Lormes. Il y a donné rendez-vous à Grandjean, rencontré l'année d'avant à Soissons, avec lequel il doit bientôt repartir pour l'Italie. En attendant, sans perdre de temps, il a attaqué quelques études dans le pays, qu'il trouve « bien à sa convenance ». Mais la terre classique subjugue déjà de nouveau ses pensées. La lettre qu'il adresse à « son bon Abel » se termine par un adieu. Elle commence, en réponse sans doute à quelque accusation de négligence, par une protestation d'amical attachement. D'ailleurs, la voici.

Lormes, 25 avril 1834.

Mon bon Abel, cela n'empêche pas que tu me sois cher. Baudot nous quitte et veut bien se charger d'une lettre pour toi. Je suis très bien traité. Nous avons des parties de pêche, des parties de campagne et, aujourd'hui, je me suis mis au travail. J'ai deux études en train. Je trouve le pays bien à ma convenance. Seulement, les feuilles ne sont pas encore venues, ce qui empêche que les sites aient toute leur physionomie. J'attends bientôt Grandjean, qui doit venir me rejoindre. Comment se portent ton frère de St-Leu et ton frère de Fontenil? Dis leur bien des choses de ma part... Mes amitiés à Forfait et Faulte. J'espère le mois d'octobre prochain, pour la continuation des parties de bouillotte. Je te prierai, lorsque tu iras à St- Lô, de ne pas m'oublier auprès des braves familles de St-Martin et de Trois-got, que je pense aller visiter avec toi l'année prochaine. Je vais m'enfoncer dans les montagnes de la Sardaigne: prie pour que je rapporte des chefs-d'œuvre et porte-toi bien.

Ton ami.                       C. Corot.

C'est sur ces lignes que se termine le petit paquet de lettres parvenues entre nos mains. Celui qui les écrit a trente-huit ans. Ce n'est déjà plus le débutant timide et inquiet que représente le petit portrait du Louvre. L'image de ce Corot-là est aux Offices. L'homme dresse fièrement sa tête mâle et vous regarde avec l'air assuré d'un personnage qui sait ce qu'il vaut. Il a fait ses preuves dans plusieurs expositions. L'année précédente, à propos du Salon de 1833, où il a exposé un grand paysage composé d'après ses études de Fontainebleau, un critique a pu dire : « Le tableau de M. Corot me semble le paysage le plus complet de l'exposition. » Les qualités de l'œuvre lui ont valu une distinction officielle des plus flatteuses. Mais Corot, médaillé, ne se sent pas infatué par l'orgueil. Il annonce l'événement à son Abel sur le ton de la plaisanterie, ajoutant en post-scriptum à l'une des lettres précédemment citées : « Tu dois savoir que je suis un fameux peintre : le roi des Français Louis-Philippe m'a accordé une médaille de 2ᵉ classe. » Ce premier pas dans le succès n'a pas altéré sa modestie et sa simplicité. C'est toujours le bon enfant au cœur candide que nous avons connu à l'heure où, néophyte de l'art, il venait à peine de quitter le comptoir de la rue Saint-Honoré pour s'envoler, son carton sous le bras, vers les paysages classiques. Dix ans n'ont point changé ce Corot-là. Cependant, ses lettres, on l'a vu, ne sont déjà plus du même homme. C'est à peine si, une fois, en passant, il adresse un fugitif souvenir à « ces dames », ses idoles d'autrefois. La sentimentalité, qui le rendait jadis si bavard, ne délie plus sa langue. La peinture a mâté pour de bon son ancienne rivale.

On rit toujours, à l'occasion, avec les belles filles qui chiffonnent autour de la maman Corot. D'aucunes fréquentent l'atelier de l'ami Camille, et, dociles à ses vœux, lui posent sans se faire prier ses Agar et ses Rebecca *(Fig. 281)*. Peintre et modèles se lutinent parfois; mais la plaisanterie ne tire point à conséquence. Le hasard me faisait recueillir jadis les confidences d'une de ces auxiliaires bénévoles de l'artiste. Celle-là ne sortait pas de chez la modiste. Corot l'avait rencontrée au village de Rosny, près de Mantes, pendant un séjour chez ses amis Osmond, qui possédaient là un pied-à-terre rustique, une fois que la mère de ces camarades, son hôtesse, lui ayant réclamé un tableau de sainteté pour son église, il cherchait, pour complaire à cette dame, une Sainte Vierge à camper sur l'âne de la maison, avec le dessein d'organiser une *Fuite en Égypte*. La Sainte Vierge de Corot était plus qu'octogénaire lorsqu'elle me contait l'équipée. C'était une vieille toute ridée, dont ce souvenir lointain illuminait le pauvre visage fané. Les séances de pose avaient été d'une gaîté extraordinaire. « Mon Dieu, qu'il était gamin, ce M. Camille », faisait l'ingénue d'autrefois, devenue plusieurs fois grand'mère.

Et celle qui avait été autrefois une accorte paysanne s'amusait encore des espiègleries inventées par son polisson de peintre pour mettre en joie sa jeunesse rieuse. Elle voyait encore la main du garnement se glisser subrepticement autour d'elle pour dépouiller sa parure de quelque ruban ou tailler une mèche de son opulente chevelure. Elle entendait encore l'éclat de sa voix, triomphante après un de ces méfaits accomplis avec la complicité de son compère Abel ou de l'ami Faulte. En vérité, voilà des jeux forts innocents. Ceux de la rue du Bac ne l'étaient pas moins. Toutefois, à plusieurs reprises, le papillon, souvenez-vous-en, avait failli laisser un bout de ses ailes dans la flamme de la chandelle. L'expérience l'avait guéri. A présent, quand le feu brûlait, il se tenait sur ses gardes et restait à distance. Le chaste amoureux de Dame Peinture avait vu « l'abîme » de trop près. Il fuyait le précipice où cette amie bien-aimée eût risqué de sombrer avec lui. Prêtre d'une religion jalouse, comme celle du Christ, de l'attachement exclusif de ses ministres, il se cramponnait au célibat comme à la planche de salut des desservants de l'art. Son roman était clos sans retour. La femme ornerait sa vie comme une fleur brillante et parfumée, qui se consume et qui passe, cédant la place aux attraits d'une autre. Seul, l'art emplirait son foyer d'une joie permanente, d'un rayonnement sans défaillance, sans déclin et sans fin.

Cette rupture rigoureuse avec les lois normales de la société étonne de la part d'une âme ouverte naturellement à la sensibilité la plus bourgeoise. Le fils des braves gens, plutôt terre à terre, qu'étaient la modiste et son mari, a sucé avec le lait l'amour de la famille, et ne s'affranchira jamais des douces tyrannies qu'il impose. Sous la cuirasse d'intransigeance qui barde l'artiste tout à son art que la destinée a fait de lui, le bonhomme cache un tempérament éminemment « pot-au-feu ». Le sacerdoce qu'il s'est imposé contrecarre ses inclinations spontanées. L'homme est d'instinct friand des cajoleries et des caresses familiales. L'atmosphère du foyer dilate son cœur tendre. Ses folies elles-mêmes ne sont-elles pas empreintes d'une candeur patriarcale ? A cet égard, les épanchements de la correspondance qu'on vient de parcourir sont édifiants. Sans nul doute, sa sensibilité eut à souffrir cruellement de ses mâles résolutions. Mais, Dieu dote ses élus de grâces inconnues au commun des mortels. Le tendre Corot fut de fer contre les séductions du sentiment.

La troublante Alexina n'était pas morte ; ses charmes avaient été conservés à son inquiet adorateur. A l'encontre de cette Anna volage, que nous avons vue convoler, quitte à se promettre avec le mariage d'étranges libertés, elle était restée fille. Sortie de la maison Corot quand celle-ci passa en d'autres mains, elle tint plusieurs années boutique à son compte rue des Petits-Champs, avant de s'en aller finir ses jours au fond d'une province. J'imagine que l'atelier, où son soupirant s'enfermait avec une rivale dont nulle force humaine n'était plus capable de le détacher, rece-

Fig. 279. — Vue de Saint-Lô, 1833.

Fig. 280. — Étude en forêt de Fontainebleau, vers 1833.

Fig. 281. — Rébecca, 1830.

Fig. 282. — Abel Osmond dans son lit, vers 1840.

Fig. 283. — Lettre à Comairas, 7 janvier 1852.

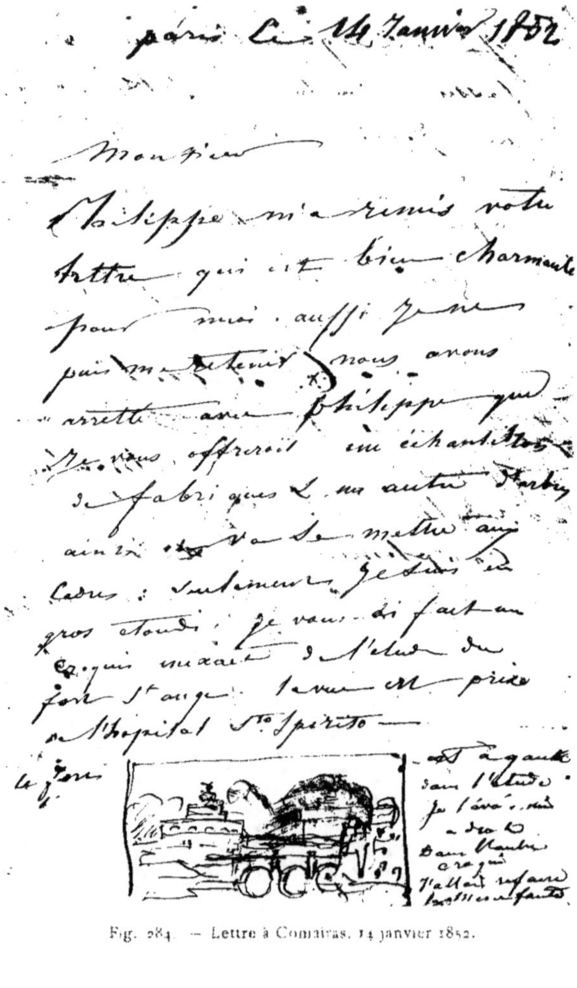
Paris le 14 Janvier 1852

Monsieur

Philippe m'a remis votre lettre qui est bien charmante pour moi. aussi je ne puis m'en retenir ; nous avons arrêté avec Philippe qu'il vous offrirait un échantillon de fabriques & un autre d'arbres ainsi il va se mettre aux cadres ; seulement je suis un gros étourdi ; je vous ai fait un croquis inexact de l'étude du fort St ange. la vue est prise de l'hôpital Sto Spirito —

est à gauche dans l'étude je l'avais mis à droite dans l'autre croquis

Fig. 284. — Lettre à Comairas, 14 janvier 1852.

vait quand même de temps à autre sa visite. N'est-ce pas son fin
minois que reproduit certain dessin du peintre qui représente
une jeune Parisienne, engoncée par un caprice de la mode dans
une pèlerine surmontée d'un haut col raide et coiffée d'un large
feutre à brides, à propos duquel son auteur, interrogé sur cette
personnalité piquante, disait un jour, avec un mystérieux sourire : « C'est mon Agar. » L'Agar de Corot avait-elle rencontré
en lui un nouvel Abraham ? On se refuse à admettre sans atté-
nuations cette trop cruelle hypothèse. Ses austérités de Raphaël
sans Fornarine comportaient, je suppose, d'occasionnelles tran-
sactions. Le gaillard était homme à « cacher son jeu ». Qu'on
se rappelle ses résolutions formées autrefois en Italie, et cette
déclaration machiavélique formulée sans ambages : « Quand je
serai en France, je ne verrai que des femmes honnêtes, et je dirai
que je ne connais que des femmes galantes. Il faut cacher son
jeu. » S'il l'a caché en effet, ce fut avec un art consommé ; car
rien n'a transpercé de l'astucieux manège, et nulle réputation
ne fut jamais ternie du fait de ce discret amoureux. N'oublions
pas, d'ailleurs, cette autre phrase tombée de sa plume dès 1827 :
« Je n'ai qu'un but dans la vie, que je veux poursuivre avec constance : c'est de faire des paysages. Cette ferme résolution m'empêchera de m'attacher sérieusement. » Corot ne se manqua pas
de parole. Il ne « s'attacha sérieusement » à aucune créature
humaine. Son « but dans la vie » était ailleurs. La peinture fut
son unique « attachement sérieux ». Jusqu'à la fin, il lui témoigna une fidélité sans partage. Tel un Saint Ignace ou une Sainte
Thérèse, dont le cœur, ayant banni les plus nobles affections
humaines, appartenait tout entier à Dieu seul, ce passionné
enthousiaste de la Nature ne vécut que pour elle et pour chanter sa radieuse beauté. Tout le reste ne comptait plus pour lui.

Un homme, à qui échut l'heureuse fortune de le fréquenter
et de causer avec lui dans l'intimité, Henri Dumesnil recueillait

un jour de ses lèvres des paroles qui peignent cet état d'âme d'une façon saisissante. Le discours, qu'il a rapporté dans ses *Souvenirs intimes* sur son grand ami, avait été tenu le 8 décembre 1858, à l'atelier de la rue Paradis-Poissonnière, en présence de Troyon, de Français et de Busson, en train d'examiner avec intérêt une vieille étude de leur illustre confrère, datant de ses débuts dans la carrière. Corot, plus que sexagénaire déjà, autour duquel la mort avait moissonné bien des êtres aimés, et que l'implacable faucheuse avait contraint à chercher une famille nouvelle parmi les « petits amis » attirés par le rayonnement de son astre, Corot, dis-je, n'appartenait déjà plus au monde d'autrefois qu'évoquait cette peinture-là. Les dames de la rue du Bac dormaient dans un coin négligé de sa mémoire. Les Anna et les Alexina ne troublaient plus sa quiétude de travailleur placide, dont les rêves féconds planaient au-dessus des contingences humaines. Le cher confident de ses émotions de jeunesse, Abel Osmond lui-même, qu'une petite toile, datant de 1840 environ, représente au lit, en proie à la maladie qui devait l'emporter *(Fig. 282)*. Osmond, enlevé prématurément à sa tendresse, avait disparu depuis longtemps. Une quinzaine d'années s'étaient écoulées depuis que, par l'extinction de cette amitié, bien des choses et des êtres d'antan s'étaient voilés d'ombre. Les figures oubliées que cette excursion dans le passé avaient ressuscitées furent accueillies avec quelque froideur. Une récente visite de certaine Rose, dont le prénom véritable subissait un déguisement de circonstance, servit de prétexte à une comparaison entre la fragilité des charmes féminins et les éternelles séductions de l'art. « Pendant que je faisais ça, dit-il (je rapporte textuellement les mots que Dumesnil lui prête), les jeunes filles qui travaillaient chez ma mère étaient curieuses de voir M. Camille dans ses nouvelles fonctions (de peintre) et s'échappaient du magasin pour venir le regarder. Une d'elles,

que nous appellerons Mlle Rose, accourait plus souvent que
ses compagnes. Elle vit encore, est restée fille et me rend visite
de temps en temps; elle était ici justement la semaine dernière.
O mes amis, quel changement, et quelle réflexion il fit naître!
Ma peinture n'a pas bougé; elle est toujours jeune; elle donne
l'heure et le temps du jour où je l'ai faite; mais Mlle Rose et
moi, que sommes-nous? » En lisant ces paroles, où il suffirait de
mettre le nom de Dieu à la place qu'occupe la peinture pour
donner au morceau le tour d'une homélie sacrée, il me semble
entendre la voix d'un père de cette église qui, elle aussi, réclame
de ses ministres tout leur cœur et toute leur vie : j'ai nommé
« l'Art », dont Corot fut le pontife le plus pur et le plus dévoué
à sa divine mission. Ce pontife-là n'a pas renoncé à « folâtrer »
avec les petits amis. Sa religion n'est pas ennemie de la joie.
Mais, ne lui parlez pas du mariage ou de quoi que ce soit qui
y ressemble : c'est le fruit défendu.

# UN CADEAU DE COROT

Encore deux lettres inédites de Corot. Deux billets de quelques lignes seulement ; mais, pour qui sait les lire comme il faut, le laconisme de leurs termes et l'apparente banalité de leur objet cachent un petit drame de conscience tout à fait exempt de vulgarité.

Dans un de ces mouvements de générosité qui lui sont coutumiers, l'artiste a fait abandon d'une de ses études d'Italie chère entre toutes à son cœur de père. A la réflexion, le sacrifice lui devient insupportable. Il donnera deux peintures pour une ; mais il gardera celle à laquelle il tient. La scène se passe en janvier 1852. Corot est loin de ses débuts. Il s'est fait une manière qui le classe comme un des innovateurs du paysage. Ses confrères saluent en lui un maître. Mais, il continue à étudier la nature avec une conscience candide d'apprenti. Au cours du dernier été, il a choisi, pour y faire quelques gammes de sa façon, la pittoresque cité de La Rochelle. L'ami qui l'avait attiré dans ce paradis des paysagistes lui a fait rencontrer un de ses émules du cru, dont il a goûté la société. C'est un certain Comairas, qui jouit d'un talent honorable, et dont l'humeur s'est accordée à merveille avec la sienne. Après plusieurs semaines de travail sur les mêmes motifs, on s'est quitté camarades. En se séparant, on s'est promis de petits souvenirs. « Je vous enverrai une de mes études », a dit Corot. Le jour de l'an et un obligeant intermédiaire lui ont rappelé sa promesse. Il se met en devoir de l'accomplir. C'est l'objet pour lequel il confectionne, le 7 janvier 1852, une lettre à l'adresse de *M. Comairas, rue St-Louis, n° 17, à La Rochelle (Charente-Inférieure)*, dont voici le contenu :

Paris, ce 7 janvier 1852.

Monsieur,

Philippe m'a fait part du désir que vous aviez d'avoir de moi plutôt un souvenir d'arbres, de préférence à une étude de fabriques. Nous avions choisi ensemble une vue de Saint-Pierre et du fort Saint-Ange. D'après votre lettre, nous avons recherché dans l'atelier. Nous avons choisi une étude d'arbres faite à Ville-d'Avray. Je vous en donne ci-dessous les physionomies, et vous pourrez choisir et nous dire, dans votre prochaine, celle qui aura eu la préférence, pour pouvoir commander au plus tôt la bordure.

Je serai très content de voir chez vous quelque chose de moi qui pourra vous plaire. Je profite de cette occasion pour vous renouveler mes remerciements du bon accueil que vous m'avez fait à mon passage dans votre ville. Nous en parlons souvent avec Philippe.

Voudrez-vous ne pas m'oublier auprès de Mlle Silette.

Recevez, Monsieur, l'assurance de ma parfaite considération.

C. Corot.

Ce billet occupe deux pages : sur une troisième, la plume a tracé un croquis sommaire des paysages à choisir *(Fig. 283)*. Elle a ajouté, au bas de chacun, un bref commentaire. Sous les arbres de Ville-d'Avray, on lit : « Effet du matin, très clair » ; sous la vue de Rome, elle a écrit : « Couleur plus sévère ». Me trompé-je en interprétant ces annotations comme une manœuvre destinée à influencer la décision de l'intéressé ? Pour moi, il s'agit de donner le change à un confrère trop friand des études d'Italie, si savoureuses en dépit de leur « couleur plus sévère », et de détourner ailleurs ses préférences. Le Philippe en question m'apparaît comme un compère, qui a fait le jeu du donateur embarrassé pour refuser catégoriquement un certain genre de ses productions qu'il se réserve par prédilection. Malheureusement, Comairas sait ce qu'il veut et s'arrangera, dans sa réponse, pour forcer la main au brave Corot. Cette réponse, nous ne l'avons pas ; nous ne pouvons en juger que par conjecture. Mais, nous la devinons d'après ce qu'elle suggéra à son destinataire.

Elle ne s'était pas fait attendre. Sept jours après sa première lettre, Corot, l'ayant reçue, reprenait à son tour la plume. Comairas ne s'était pas adressé directement à lui. C'était au complaisant Philippe qu'il avait écrit. Il lui avait adroitement fait l'éloge de ces fameux souvenirs d'Italie, qui plaisaient tant aux artistes capables d'en apprécier le charme et le mérite. Corot était pris : il fallait s'exécuter. Il subit l'obligation. Son geste fut magnanime. Il donna deux toiles pour une et abandonna un « Fort St-Ange » en outre du « Ville d'Avray » proposé à la place d'une vue de « fabriques » romaines. Qu'on lise sa lettre. Nous verrons ensuite quelle diplomatie cache son style bon enfant et par quel escamotage l'habile homme se tira d'affaire.

Paris, ce 14 janvier 1852.

Monsieur,

Philippe m'a remis votre lettre, qui est bien charmante pour moi. Aussi, je ne puis me retenir. Nous avons arrêté avec Philippe que je vous offrirais un échantillon de fabriques et un autre d'arbres. Ainsi, on va se mettre aux cadres. Seulement, je suis un gros étourdi. Je vous ai fait un croquis inexact de l'étude du fort Saint-Ange. La vue est prise de l'hôpital de Santo-Spirito. Je désire que ces études vous fassent autant de plaisir à voir que j'en ai à vous les offrir.

Voudrez-vous ne pas m'oublier auprès de Mlle Silette.

Recevez, Monsieur, l'assurance de ma parfaite considération.

C. Corot.<br>rue Montholon, 18.

Si vous rencontrez M. Monlun, veuillez lui adresser mes compliments. Aussi à Mme Monlun et ses charmantes demoiselles.

Comme le précédent, ce billet est accompagné d'un bout de croquis *(Fig. 284)*. Ce croquis, sous lequel on aperçoit le commencement d'un autre que le doigt a effacé, représente le « fort Saint-Ange » dont Corot s'est décidé à se séparer. Une note qui l'accompagne dit :

> Le fort est à gauche dans l'étude. Je l'avais mis à droite dans l'autre croquis... J'allais refaire la même faute.

La malice est cousue de fil blanc. Comment admettre que l'artiste, qui n'était pas un si « gros étourdi » qu'il veut bien le dire, ait commis, dans sa première lettre, l'énorme bévue dont il s'accuse dans la seconde ? Le vrai, c'est que, n'ayant pas réussi à dégoûter son homme du morceau à « couleur sévère », il lui en substituait astucieusement un autre et faisait passer le troc par l'abandon supplémentaire du « Ville d'Avray » aux clartés matinales.

Comairas n'était pas trop mal servi quand même. On peut en juger au Louvre, où la petite peinture, achetée par nous d'un marchand de Fontainebleau qui se l'était fait adjuger à la vente après décès de son possesseur *(Fig. 19)*, a rejoint le « Colisée » et le « Forum » légués au Musée par Corot lui-même, comme deux des meilleures pièces de « son magasin ». Que n'a-t-on vu suivre le même chemin à l'autre « Fort St-Ange », jalousement conservé par son auteur jusqu'à sa mort, et qui figurait encore sur les murs de son atelier quand le commissaire-priseur en dispersa les richesses. Faute de l'original, dont nous avons perdu la trace, il ne nous reste qu'une photographie *(Fig 18)* à mettre en regard de l'œuvre dont le peintre de La Rochelle avait dû se contenter. Si les deux toiles se trouvaient en présence, peut-être ne partagerions-nous point pour l'absente le faible de leur auteur. Peut-être, tiraillés entre les charmes de l'une et de l'autre, nous contenterions-nous du lot de Comairas. Mais la question qui nous occupe n'est point celle-là.

Il s'agissait d'étudier le problème psychologique posé par les deux lettres qu'on vient de lire. Nous maintenons la solution énoncée de prime abord. Corot avait pour ses œuvres des entrailles de père. Il estimait sacrilège de les assurer contre l'incendie et refusait d'y consentir, disant qu'aucun trésor ne pourrait l'indemniser de leur perte. Un jour qu'on lui parlait d'un amateur dont les tableaux, brûlés, lui avaient été payés un bon prix, il fermait la bouche à son interlocuteur en s'écriant : « Mais, ce n'était pas lui qui les avait faits ! Ce n'étaient pas ses enfants ! Est-ce qu'on vous remplace vos enfants avec de l'argent ? » Lâcher une de ses toiles, quelle qu'elle fût, lui coûtait toujours quelque peu. Il en était qu'il chérissait d'un tel amour que le sacrifice dépassait ses forces. Telle cette fille de prédilection dont il avait parlé à la légère de se séparer au profit de Comairas. Céder celle-là, c'était s'imposer une privation trop dure. La passion, quel qu'en soit l'objet, est impérieuse et ne tolère aucun frein. Elle recourt à la ruse et à la duplicité, comme à de pieux stratagèmes, lorsque ses fins exigent et imposent ces moyens extrêmes. Corot oublia sa naturelle sincérité ; il joua une comédie. Mais, son étude bien-aimée ne sortit pas de chez lui. Son œil paternel la caressa tendrement jusqu'à son dernier jour.

# TABLE DES MATIÈRES



## X

NATURE ET IMAGINATION : L'ÉTUDE A MÉRY
ET LE SOUVENIR DE MORTEFONTAINE.
LUTTE POUR LA MÉDAILLE D'HONNEUR : LA BACCHANTE
ET LE SOUVENIR DU LAC DE NEMI. GRANDE RENOMMÉE
ET PREMIÈRE MALADIE. LA VUE DE MARISSEL
ET L'EXPOSITION DE 1867. MANTES ET VILLE-D'AVRAY.
LES FIGURES
(1860-1870)

Dutilleux établi à Paris (1860) : correspondance plus rare. — Séjour avec Daubigny
à Auvers (juin 1860). Voyage en Bretagne (août) : études à Saint-Malo et à
Dinan. — Santé chancelante de M. et Mme Sennegon, retenant Corot à Ville-
d'Avray en 1861 et différant jusqu'à l'automne une campagne à Fontainebleau.
— Pieux pèlerinages au Père-Lachaise. — Assistance dévouée de la servante
Adèle. — Détails fournis par Gustave Colin sur les habitudes professionnelles
du maître et sur sa technique. — Improvisation mêlée aux souvenirs de nature
dans l'univers créé par son pinceau. — Fidélité aux études consciencieuses :
l'*étude à Méry* (juin 1862). Souvenir de La Fontaine attaché à cette étude. —
Été à Ville-d'Avray auprès des Sennegon malades. — Voyage en Angleterre
avec Badin (1862). Gaité du voyageur. Visites et études. — Séjour en Saintonge.
au Port-Berteau, avec le peintre Auguin et Courbet. Suffisance de ce dernier.
— Salon de 1863 : *Méry* et *Ville-d'Avray*. Excellent accueil de la critique. —
« La journée d'un paysagiste » due à la plume d'Arthur Stevens et attribuée par

## LE ROMAN DE COROT

son fils auprès des demoiselles Saint-L... et calmées par son départ. Coquetteries des jeunes personnes transmises par leur interprète, etc. Envoi d'un morceau de verre antique pour Mlle Anna. Départ pour la Sabine. — Lettre du 8 août 1826. datée de Papigno. Bavardage sur la dame de ses rêves par un amoureux que la peinture empêchera désormais de « s'attacher sérieusement » par le mariage. — Lettre du 29 octobre 1826. datée de Rome. Marivaudage avec « ces dames » par le canal du correspondant amical. chargé de les embrasser « en fin coloriste ». — Lettre du 10 mars 1827. Apologie pour un long silence. Considérations physiques et sentimentales sur les Italiennes comparées aux Françaises. Plaisanteries écourtées à l'adresse des Parisiennes. Lettre du 23 août 1827. Réponse à la nouvelle du mariage de « la gentille Anna ». Philosophie d'un soupirant « qui l'aime toujours beaucoup ». mais qui se console par l'espoir de « rire » tout de même avec elle. Difficultés de la peinture, exigeant une prolongation d'absence. — Lettre du 14 novembre 1827. Recrudescence de nostalgie, égayée par quelques plaisanteries sur l'article féminin : l'art de cacher son jeu. — Lettre du 2 février 1828. relative aux soupçons causés par l'argent demandé aux parents pour aider Fleury, se terminant par une réponse aux agaceries de « ces dames » et par une déclaration catégorique de chasteté morale. — Retour d'Italie (automne de 1828) et départ. au printemps de 1829, pour la Normandie. — Lettre du 16 juillet 1829. datée de Honfleur. Inquiétude pour la santé de la troublante Alexina, « l'étoile du matin » de son adorateur. « qui éclaire l'abîme entr'ouvert sous ses pas. » — Portrait de la demoiselle rapproché. au Musée, de celui de son amoureux par lui-même. — Portraits d'Abel Osmond et du capitaine Faulte du Puyparlier par leur ami. — Lettre de juillet 1831, datée de Chailly. Études en forêt avec Desbrochers. entremêlées de folies avec les « dryades » et les « hamadryades » de la vallée. — Fin des confidences sentimentales ; fin probable du roman qu'elles ont dévoilé. — Lettre du 30 janvier 1833, de Rouen. Études sur le port. dans la « brise du matin », qui « soulève les voiles frémissantes ». — Lettre du 23 mai 1833, de Soissons. Confection de tableaux pour M. Henry ; promenades dans les environs avec Grandjean. — Lettre du 23 juillet 1833. datée de Troisgots. Compte-rendu des études projetées ou déjà exécutées. — La *vue de Saint-Lô* et le portrait de Ferdinand Osmond. — Lettre du 11 août 1833. datée de Granville. Réception trop plantureuse chez des amis trop prévenants. funeste à la peinture. dont elle paralyse l'essor. — Lettre du 25 avril 1834. datée de Lormes. Séjour chez Mme Baudot. l'une des filles de Mme Sennegon. Études commencées dans le pays, en attendant l'arrivée de Grandjean et le départ avec lui pour l'Italie. — Succès de Corot au Salon de 1833 avec un tableau qui a obtenu une médaille. Sa conscience de son mérite. — Sa gaîté avec les ouvrières de la Maman. qui lui posent ses Agar et ses Rébecca. comme avec la jeune paysanne dont il a fait une sainte Vierge. — Sa prudente défiance à l'égard du mariage. Le célibat imposé par le sacerdoce de l'art. La gentille Alexina conservée à son adorateur et devenue occasionnellement son modèle. —

## UN CADEAU DE COROT

# TABLE DES GRAVURES

# INDEX ALPHABÉTIQUE

## DES PERSONNES, DES LIEUX ET DES ŒUVRES

## MENTIONNÉS DANS L'OUVRAGE

ACHEVÉ D'IMPRIMER
LE 30 SEPTEMBRE 1924

TYPOGRAPHIE DE FRAZIER-SOYE
(ÉMILE LECLERC, PROTE)

ILLUSTRATIONS HÉLIOTYPIQUES
DE LÉON MAROTTE
(LÉON LECLER, PROTE)
D'APRÈS
CLICHÉS PHOTOGRAPHIQUES
D'ALBERT YVON